U0955467

经济学学术前沿书系

TANSUO GONGGU TUOZHAN KECHIXU JIUYE FUPIN CHENGGUO TONGXIANGCUN ZHENXING YOUXIAO XIANJIE DE SIKAO

探索巩固拓展可持续就业扶贫成果同乡村振兴有效衔接的思考

张 琦 沈扬扬 等著

经济日报出版社

图书在版编目（CIP）数据

探索巩固拓展可持续就业扶贫成果同乡村振兴有效衔接的思考／张琦等著. --北京：经济日报出版社，2021.7

ISBN 978-7-5196-0891-0

Ⅰ. ①探… Ⅱ. ①张… Ⅲ. ①扶贫-研究-中国②农村-社会主义建设-研究-中国 Ⅳ. ①F126②F320.3

中国版本图书馆 CIP 数据核字（2021）第 127608 号

探索巩固拓展可持续就业扶贫成果同乡村振兴有效衔接的思考

作　　者	张　琦　沈扬扬 等
责任编辑	李晓红
助理编辑	姜　楠
责任校对	张慧敏
出版发行	经济日报出版社
地　　址	北京市西城区白纸坊东街 2 号 A 座综合楼 710（邮政编码：100054）
电　　话	010-63567684（总编室）
	010-63584556（财经编辑部）
	010-63567687（企业与企业家史编辑部）
	010-63567683（经济与管理学术编辑部）
	010-63538621　63567692（发行部）
网　　址	www.edpbook.com.cn
E-mail	edpbook@126.com
经　　销	全国新华书店
印　　刷	北京建宏印刷有限公司
开　　本	710×1000 毫米　1/16
印　　张	10.5
字　　数	180 千字
版　　次	2021 年 7 月第 1 版
印　　次	2021 年 7 月第 1 次印刷
书　　号	ISBN 978-7-5196-0891-0
定　　价	48.00 元

版权所有　盗版必究　印装有误　负责调换

摘 要

就业是民生之本、财富之源、社会稳定之基。就业扶贫所起到的作用，不仅体现在精准扶贫时期，更应覆盖在全党全社会建设中国特色社会主义的长期发展进程之中，从激发人民内生发展动力、激发劳动群体的志气、智力和能力的视角，为实现共同富裕贡献力量。习近平总书记高度重视就业扶贫工作，近年来，在脱贫攻坚总体部署中，多次对就业扶贫作出重要指示，科学阐释了就业扶贫工作的一系列重大理论和实践问题，明确提出了可持续就业扶贫的目标任务和工作要求。

在乡村振兴战略背景下，我国就业扶贫工作取得突出成就，很多贫困地区通过利用优惠政策、加强联系合作、建设培训基地等措施，让更多贫困人口走上就业岗位，实现脱贫。据人力资源和社会保障部官方数据显示，2018年全国共帮扶388万建档立卡贫困人员实现就业增收，就业扶贫力度进一步扩大。但是，为实现全面建成小康社会的宏伟目标，就业扶贫工作一刻不能放松，需进一步通过善用扶贫政策、开展劳务输出、建设扶贫基地、强化职业培训等方式，持续推进就业扶贫工作，加大就业扶贫力度，保障乡村振兴战略顺利落实。

就业是最直接最有效的脱贫方式。习近平总书记指出，就业是最大的民生，是最大的民生工程、民心工程、根基工程。同时，习近平总书记强调，一人就业、全家脱贫，增加就业是最有效最直接的脱贫方式，长期坚持还可以有效解决贫困代际传递问题。就业牵动着千家万户，事关经济发展和社会稳定大局。从宏观角度看，就业不仅是重大的经济问题，是一个世界性的重要民生问题，也是重大的政治问题，是衡量一个政党、一个政府执政水平、治国水平的重要标志；从微观角度看，就业是帮助贫困劳动者个人和家庭增收脱贫的重要途径，也是他们融入社会、获得尊严、给子孙后代带来希望的有效手段。习近平总书记的重要论述，深刻阐明了就业扶贫的基础性、战略性地位和作用，充分体现了以人民为中心的价值追求和使命担当，体现了始终心系困难群众的为民情怀。我们要深刻领会习近平总书记重要指示精神，把就业扶贫工作作为重大政治任务，摆在突出位置，切实增强政治担当和责任担当，以高度的历史使命感把工作抓紧抓实。

面对新型冠状病毒公共卫生危机的重要时期，2020 年两会中的《政府工作报告》在确定预期目标时，开宗明义指出“今年要优先稳就业保民生”。一万多字的报告中，“就业”一词被提到了 39 次，成为今年《政府工作报告》中的最高频词，这是党和政府对人民的庄严承诺，也是以人民为中心发展思想的具体体现。

故此，思考“乡村振兴”和“建立解决相对贫困长效机制”时代背景下可持续就业扶贫应承担的角色，首先要厘清我国当前就业扶贫领域的已有扶贫路径、取得成就，以及经验和教训。由此形成本书的主题：《探索巩固拓展可持续就业扶贫成果同乡村振兴有效衔接的思考》，其核心议题是探索巩固拓展可持续就业扶贫成果同乡村振兴有效衔接工作的研究。研究的现实背景，一是当前就业扶贫工作措施中可能存在投入成本高而产出收益低的情况；二是乡村振兴战略已然开局；三是我国已经于 2020 年底全面消除了现行标准下的农村极端贫困问题；四是公共卫生危机来临的重要时刻。在四个重大现实和战略发展背景下，紧握关键时期着力点，着眼未来几年就业扶贫工作的可持续性与乡村振兴战略规划的契合性发展思路。本书以专题形式开展研究，重点解读如下问题：一是针对目前各地就业扶贫工作中已出台的政策和措施进行研究和分析论证；二是为了巩固拓展可持续就业扶贫成果，需要着眼于未来，探讨如何对现有政策进行调整、补充和完善，并能与乡村振兴战略有效衔接，使其更具前瞻性；三是结合就业扶贫工作与乡村振兴战略规划，指导各地出台政策和措施，对现有的就业扶贫工作途径进行完善，使其更具持续性；四是提出共克时艰的可持续就业支持政策，应对新冠疫情公共卫生危机下的就业难题。

整体上，本书的研究目标是通过层层分析，有效回答前述核心问题，在乡村振兴和新发展格局下，通过实现巩固拓展就业扶贫成果工作保障和工作机制及制度上的创新和完善，为国家社会中的弱势和贫困群体提供可行帮助。

目 录

CONTENTS

第一部分：就业扶贫现状

第一章　就业扶贫政策概述

一、就业扶贫政策的重大意义

习近平总书记曾提出关于就业工作的重要论述，强调了从全局和战略高度认识做好就业工作的重大意义。要坚持总量结构并重和供需两端发力，统筹发挥市场和政府作用，提高就业政策的精准性、稳定性和协同性，努力实现更高质量和更充分就业，为实现“两个一百年”奋斗目标提供强大支撑。

第一，扶贫是共产党人的历史使命。

脱贫攻坚，是习近平新时代中国特色社会主义思想的必然要求和生动实践，是我们党政治优势、宗旨初心、自觉自信的鲜明体现，是我国特色社会主义制度优越性的极大彰显，是党带领全国人民创造的又一“中国奇迹”，是中华民族发展史、社会主义发展史、人类社会发展史上的伟大壮举。中国共产党自诞生之日起，就一直奉行“人民利益高于一切”的理念，始终把解决贫困人口的温饱问题作为重要任务，带领全国各族人民不懈奋斗，取得了举世瞩目的巨大成就。从“打土豪、分田地”到解放区土改运动，让耕者有其田，广大农民有饭吃、有衣穿；从新中国土地改革到实行家庭联产承包责任制，几亿农民获得土地，逐步解决温饱问题，稳步改善生活水平；从 1982 年“三西”（甘肃定西、河西，宁夏西海固）专项扶贫计划到 1994 年“八七扶贫攻坚”（力争用 7 年左右的时间，解决农村 8000 万贫困人口的温饱问题），再到新世纪中国农村扶贫开发纲要，农民的温饱问题得到基本解决，人民的生活逐步富裕起来。党的十八大以来，以习近平同志为核心的党中央吹响了向贫困发起总攻的进军号，扶贫工作力度之大、规模之广、影响之深前所未有。纵观党的历史，我们深切体会到，有效解决贫困问题，是关系我们党生死存亡的根本性问题，是关系社会主义前途命运的全局性问题。每位党员只有坚守初心和使命，不断满足人民群众对美好生活的向往，确保小康路上不落一人，才能让人民群众感受到中国特色社会主义制度的伟大生命力，才能让党的旗帜在人民心中永远高高飘扬。

第二，就业是最直接最有效的脱贫方式。

习近平总书记指出，就业是最大的民生，是最大的民生工程、民心工程、根基工程。同时，他强调，一人就业、全家脱贫，增加就业是最有效最直接的脱贫方式，长期坚持还可以有效解决贫困代际传递问题。就业牵动着千家万户，事关经济发展和社会稳定大局。从宏观角度看，就业不仅是重大的经济问题，是一个世界性的重要民生问题，也是重大的政治问题，是衡量一个政党、一个政府执政水平、治国水平的重要标志；从微观角度看，就业是帮助贫困劳动者个人和家庭增收脱贫的重要途径，也是他们融入社会、获得尊严、给子孙后代带来希望的有效手段。总书记的重要论述，深刻阐明了就业扶贫的基础性、战略性地位和作用，充分体现了以人民为中心的价值追求和使命担当，体现了始终心系困难群众的为民情怀。我们要深刻领会总书记重要指示精神，把就业扶贫工作作为重大政治任务，摆在突出位置，切实增强政治担当和责任担当，以高度的历史使命感把工作抓紧抓实。

第三，就业扶贫是确保脱贫不返贫的重要手段。

实施精准扶贫战略，打赢精准脱贫攻坚战，是党中央一项重大战略部署，旨在实现共享发展，完成全面建成小康社会的宏伟目标。关键之一在于建立持久的反贫困体系，预防贫困发生以及再次返贫，巩固和提升精准脱贫效果，确保小康路上不落一人、不落一户。与以往的救济性扶贫、区域开发式扶贫不同，精准扶贫不仅需要“输血”，维护贫困人员的最低生活，更重要的是“造血”，保障贫困人员发展权利，提升贫困人员发展愿望和发展能力。就业扶贫作为打赢脱贫攻坚战的重要路径，通过为贫困人员提供就业岗位，大大提高了其自身的造血能力和内生发展动力，扶贫效果可持续，贫困人员抵御风险的韧性大大提高，是确保脱贫不返贫的重要手段。

第四，就业扶贫有助于从根本上实现贫困人群共享发展成果。

2015 年 10 月 16 日，习近平总书记在减贫与发展高层论坛上向国际社会做出郑重承诺，中国力争在 2020 年消除现行标准下的极端贫困。为实现上述承诺，我国以精准扶贫战略为核心理念，各部门联动，多种扶贫手段并进，为打赢脱贫攻坚战而奋斗。也是在此次论坛上，“五个一批”脱贫措施被提出。在后续地方实践工作中，“五个一批”被扩展成为“七个一批”（如《甘肃省“十三五”脱贫攻坚规划》），主要增加了“转移就业”和“健康扶贫”两项内容，突现就业扶贫在减贫工作中的重要性。其核心动机在于，带动有劳动能力的贫困人员，提高其创业、就业能力，增强贫困人员自主脱贫意识，提高贫困人员收入水平。当然，就业扶贫政策能够取得显著成效的一个重要背景是，我国农民收入中务工（或劳务）收入占有非常大的比重。国家统计局城乡一体化住户收支与生活状况调查数据显示，2013 年我国农村居民人均可支配收入为 9430 元，其中工资性收入为 3652 元，占比 38.7%，而 2015 年农村居民人均可支配收入上升至 11422 元，工资性收入达到 4600 元，占比增加到 40.3%；2018 年，我国农村人均可支配收入 14617 元，工资性收入达到 5996 元，占比增加到 41.0%。由此可见，就业对增加农民收入的边际效应贡献最大，且越来越大[①]。由此不难推断，对于那些有劳动能力和劳动意愿的贫困群体，就业扶贫可以明显改善其生产生活条件；而从长远发展看，精准脱贫有助于从根本上实现贫困人群共享发展成果。

第五，就业扶贫项目为原本无劳动机会的劳动者打开了一片劳有所得的天地。

结合后文要介绍的内容，可以看出就业扶贫政策的覆盖人群、政策实施领域逐渐扩大，政策针对性逐渐增强。就业扶贫侧重的人群是劳动力，我们提出，就业扶贫政策更重要的是为那些之前有劳动能力，但是无法发挥的人群提供了劳动平台和施展空间，不仅实现了劳有所得，为家庭带来了更多的经济收入，同时振奋了劳动群体的精神和发展斗志，为弱势群体（如女性、老年人）赋权，增加了无歧视环境下的发展机会。

二、就业扶贫要遵循科学的路径和方法

习近平总书记指出，要支持贫困地区农民在本地或外出务工、创业。要加大扶贫劳务协作，提高培训针对性和劳务输出组织化程度，促进转移就业，

① 从就业发展本身，党中央高度重视就业问题，坚持实施就业优先战略和积极就业政策，有关方面在稳就业方面做了大量卓有成效的工作，我国城镇新增就业连续 6 年保持 1300 万人以上，失业率保持低位运行，成为经济发展的一大亮点。我国经济韧性强、活力足、潜力大，特别是有党的领导和社会主义的制度优势，动员能力强，政策手段多，完全有条件应对国内外环境变化的影响，保持就业形势总体稳定。

鼓励就地就近就业。针对劳务协作问题，他强调，就业扶贫要解决劳务组织化程度低的问题。劳务输出地政府和输入地政府，对贫困人口外出务工要多想办法、多做实事。帮扶双方要建立完善劳务输出对接机制，提高劳务输出脱贫的组织化程度。输出地要摸清底数，准确掌握贫困人口中有就业意愿和能力的未就业人员以及已在外地就业人员的基本情况，因人因需提供就业服务，有组织输出劳务。输入地要把解决这些贫困人口就业问题作为帮扶的重要内容。组织技能培训、动员企业参与，实现人岗对接，保障稳定就业。在2018年"两不愁三保障"座谈会上，习近平总书记又强调，加大培训力度，促进转移就业，让贫困群众有稳定的工作岗位，要做好易地扶贫搬迁后续帮扶，要加强扶贫同扶志扶智相结合。并指出，脱贫既要看数量，更要看质量，要探索建立稳定脱贫长效机制。脱贫攻坚主要政策要继续执行，做到摘帽不摘政策。要保持政策的稳定性、连续性。习近平总书记的重要论述，在深刻把握就业扶贫工作规律的基础上，指明了贫困劳动力外出就业和就近就业的两大方向，强调了政府在促进贫困劳动力就业中的责任义务，明确了做好就业扶贫工作的关键方法，对做好脱贫攻坚后续工作和建立长效机制作出准确论断，充分体现了一切从实际出发、求真务实的优秀品格。我们要进一步深刻领会总书记讲话精神，立足职能职责，开展大规模职业培训，加强职业指导、职业介绍，实施易地扶贫搬迁就业帮扶，持续扩大贫困劳动力转移就业规模、预防失业、稳定就业。同时，加强劳动权益维护，提高就业质量，同步研究扶持边缘贫困群体的政策措施，推动建立就业扶贫工作长效机制。

三、就业扶贫的工作路径

近年来，各地按照中央和地方党委政府的统一部署，在就业扶贫方面做了大量的探索和实践。从实际效果看，已经形成了一整套比较完整的政策体系和措施办法，契合了中央的要求和贫困劳动力的实际需要。

（一）坚持四个原则

一是坚持政府推动与市场主导相结合。就业扶贫工作是重要的民生工作，必须强化政府责任，建立职责明晰、措施有效、保障有力的目标责任机制。同时，要始终充分发挥市场在资源配置中的决定性作用，更加注重运用市场手段推进就业扶贫。这也是做好就业工作的一个基本原则，但对于贫困劳动力这个特殊困难群体而言，更需要政府主动作为。

二是坚持精准帮扶就业与激发内生动力相结合。顺应贫困群众对美好生活的向往，立足贫困劳动力实际，用好、用足就业扶贫政策措施，精准帮扶贫困劳动力就业增收。同时，把促进就业与扶志、扶智相结合，着力激发贫困劳动力内生动力，调动贫困劳动力依靠辛勤劳动实现脱贫的积极性、主动性。

三是坚持扩大就业总量和提升就业质量相结合。按照中央把提高脱贫质量放在首位的要求，在尽最大努力扩大贫困劳动力就业规模的同时，强化全方位就业服务、职业培训和权益保障，帮助贫困劳动力逐步实现更高质量的就业。

四是坚持阶段性攻坚与建立长效机制相结合。聚焦重点地区、重点人群，集中力量全力攻坚，确保如期完成就业扶贫目标任务。同时，着眼长远，科学谋划，不断总结经验，完善措施办法，建立帮扶贫困劳动力就业的长效机制，夯实稳定脱贫基础。

（二）开发五条渠道

按照中央要求，促进贫困劳动力就业要坚持两大发展方向。一是就地就近就业。在具备一定资源禀赋和发展潜力的贫困地区，积极发展特色产业和各类就业扶贫载体吸纳就业，推进返乡下乡创业带动就业，开发公益性岗位托底安置就业，努力为贫困劳动力在家门口就业创造更多机会。二是外出就业。在经济欠发达、产业发展滞后和就业机会较少、就业质量不高的贫困地区，依托省内省际劳务协作机制，开展有组织劳务输出，引导贫困劳动力到经济发达地区就业。具体来讲，重点要开发夯实五条就业渠道：

第一，促进产业发展扩大就业。

产业发展是稳定和扩大就业的坚实基础。有了稳定成熟的产业，才能从根本上创造更多就业岗位，增加贫困劳动力就业机会。发展产业促进就业，要在产业选择上下功夫，选择适合当地资源禀赋、创造较多就业岗位的产业；要在强化配套培训服务上下功夫，及时为产业创造的就业岗位匹配合适的贫困劳动力；要在政策引导上下功夫，落实各项扶持政策，鼓励企业积极吸纳贫困劳动力就业。

第二，建设扶贫车间吸纳就业。

扶贫车间，是近年来许多地方促进贫困劳动力就地就近就业创设的重要载体，对解决部分贫困劳动力外出务工难、就业能力弱等问题具有积极作用。

可以看到，建设扶贫车间，要选好地点，选择附近贫困劳动力聚集、有大量可利用闲置土地的乡镇和村；要科学规划设计，避免一拥而上；要制定落实政策，既扶持车间发展，也鼓励吸纳贫困劳动力；可发挥多元作用，既作为生产车间，也作为服务中心；要定期评估，不能一建了之。

第三，支持创业带动就业。

支持、引导农民工、大学生、退役军人及创富带头人等有关人员在贫困地区创业，有助于促进贫困地区经济发展，更能实现带动就业倍增效应。要强化创业培训和创业服务，面向各类创业人员，提供有针对性的创业培训、开业指导、创业孵化、跟踪帮扶等“一条龙”服务。要加大创业扶持力度，重点落实好创业担保贷款、一次性创业补贴等政策，纾解创业者的融资难题。要加强返乡创业园区建设，整合项目、场地和资金，支持贫困地区建设返乡创业园区和创业孵化基地，为创业者提供场地支持和综合配套服务，形成产业集聚效应。

第四，公益性岗位安置就业。

对就业困难人员实施托底安置，是织牢社会安全网的重要举措。长期以来，公益性岗位在托底帮扶城镇就业困难人员方面发挥了关键作用，现在将其延伸拓展至农村贫困劳动力，是强化民生兜底举措的有益尝试。可以看到，乡村公岗的安置对象应当是就业难度大、家庭负担重、无法外出就业且有就地就近就业需要的贫困人口，岗位一般是为乡村提供各类公共服务的岗位。这样既能帮助贫困人口通过劳动提高收入，也能服务乡村振兴战略，为美丽乡村建设作出贡献。同时，还要严格岗位管理，加强在岗人员培训，注重长远可持续，防止福利化倾向。

第五，劳务输出转移就业。

劳务输出是促进农村劳动力外出务工的重要手段，就业部门对此已经十分熟悉了。通过提高劳务组织化程度，帮助中西部省份贫困劳动力到东部省份或省内发达地区就业，是就业扶贫的重要渠道，是迅速提高贫困人口收入水平的有效方式。做好劳务协作，要健全服务站等机构的服务功能，在当地为贫困人口提供服务；要增强举办招聘会等就业服务的精准度，提高输出就业的成功率和稳定性；要同步开发中西部地区本地岗位，帮助提升当地公共就业创业服务水平，促进更多贫困人口在对口协作地区帮助下，在本地实现就业。

表 1–1　就业扶贫领域主要政策实践

政策内容	基本内涵	实践内容
就业扶贫车间	拓展农村贫困劳动力特别是留守人员居家就业、灵活就业的渠道	根据政策规定，就业车间（就业示范点）必须满足如下条件：（1）吸纳不少于 5 名农村贫困劳动力就业；（2）与贫困劳动力签订 6 个月及以上劳动合同；（3）贫困劳动力的工资待遇不低于当地最低工资标准。在对就业车间的支持上，政策规定：每吸纳 1 名农村贫困劳动力，按年给予就业扶贫车间（就业示范点）1000 元的一次性奖补，用于就业扶贫车间（就业示范点）发生的物管费、卫生费、房租费、水电费补助。
就业专岗（公益岗）	为弱劳动力提供劳有所得的就业途径	在全面落实公益性岗位扶贫的基础上，政策鼓励乡镇大力开发公共就业服务管理、乡村生态旅游引导、孤寡老人和留守儿童看护、社会治安协管、乡村道路维护、保洁保绿、水库安全管理、山林防护等社会服务类就业专岗，用于安置建档立卡农村贫困劳动力，并按规定给予用人单位岗位补贴。
转移输出就业	以政府为媒介，促进劳动力外出	深化跨区域的劳务协作，搭建省际之间信息对接平台，努力促进贫困劳动力与用人单位精准对接，提高劳务输出脱贫的组织化程度。对农村贫困劳动力参加有组织劳务输出的，给予到省外务工的农村贫困劳动力一次性交通补贴 500 元 / 人，到省内跨县（市、区）务工的农村贫困劳动力一次性交通补贴 300 元 / 人，每名农村贫困劳动力每年可享受一次。
就业服务机构	社区层面搭建就业服务平台，扩宽就业服务	对乡镇（街道）人社所成功介绍农村贫困劳动力与用人单位（不含在公益性岗位就业）签订劳动合同且稳定就业 12 个月及以上的，按每介绍 1 名农村贫困劳动力给予一次性 300 元就业创业服务补助。
“一村一品”	产业 – 就业衔接，发挥村级生产项目比较优势	“一村一品”产业项目优先用于重点支持贫困村发展，每个项目的扶持资金不少于 5 万元，不超过 10 万元，通过项目发展促进带动贫困劳动力就业。
创业担保贷款及贫困劳动力创业支持	扩宽返乡就业创业的融资渠道和支持力度	将有创业意愿的建档立卡农村贫困人口纳入创业担保贷款扶持范围，对考察合格符合条件的建档立卡农村贫困户个人创业的给予最高不超过 10 万元、对合伙经营和组织起来创业的给予最高不超过 50 万元、对小微企业等给予最高不超过 400 万元的创业担保贷款，并按规定给予贷款贴息扶持；对建档立卡农村贫困劳动力在我市行政区域内初次创办企业且稳定经营 6 个月以上的，可享受 5000 元的一次性创业补贴；鼓励建档立卡农村贫困劳动力积极参加电子商务或其他创业培训（实训），按规定给予每人 1000–1600 元的创业培训补贴。对创业培训合格的建档立卡农村贫困劳动力，免费提供开业指导、项目推介、政策咨询等创业服务。
技能培训	人力资本提升	为引导农村贫困劳动力参加就业技能培训，提高其就业技能并鼓励其积极求职就业，对参加就业培训并取得职业资格证的农村贫困劳动力，给予 500 元 / 人的一次性求职补贴；招收有就读意愿的建档立卡农村贫困家庭学生，按规定落实国家助学金、免学费政策，对特别困难的予以免除住宿费和午餐费用，优先选择专业，优先安排在校企合作订单定向培养班或企业冠名班，优先安排实习，优先推荐就业。建档立卡农村贫困家庭的子女接受技工教育的，可按规定申请扶贫助学补助，补助标准为每生每年 3000 元左右，补助 2 年。

四、就业扶贫的措施办法

要进一步在创新和完善政策扶持、服务推进、培训支撑、权益维护四大举措下功夫。

第一，要强化政策扶持，做到广覆盖。

一方面，现行的积极就业政策要向就业扶贫工作倾斜，支持鼓励性政策延伸到贫困地区和贫困劳动力，实现贫困人口全覆盖。另一方面，完善落实就业扶贫专项扶持政策，促进更多贫困劳动力就业。我们也对就业扶贫专项扶持政策从政策对象的角度进行了梳理。对建档立卡贫困人口，主要有鼓励有组织劳务输出的一次性求职创业补贴、免费的项目制培训、培训期间的生活费补贴、就业扶贫公益性岗位补贴、可申请创业担保贷款从事自主创业、给予从事个体经营税费减免等；对贫困家庭子女和学生，有对取得职业资格证书的给予职业培训补贴、对企业新录用的开展岗位技能培训的给予培训补贴、对通过职业技能鉴定取得资格证书的给予职业技能鉴定补贴、对就读技工院校的免学费并发放助学金、对毕业年度有就业创业意愿的高校毕业生给予一次性求职创业补贴等；对企业、农民合作社、扶贫车间等经营主体，吸纳贫困劳动力开展以工代训的，给予不超过6个月职业培训补贴；对企业吸纳贫困劳动力的，参照就业困难人员给予社会保险补贴、税费减免，吸纳较多的可给予一次性奖补；对创业孵化基地，入住实体多、孵化效果好的贫困县孵化基地，可提高奖补标准；对公共就业服务机构和人力资源服务机构、劳务经纪人等市场主体，为贫困劳动力提供服务的，给予就业创业服务补助。

第二，要强化就业服务，力求精细化。

就业服务要适应贫困劳动力特点，注重与扶志、扶智相结合，力求全方位、精细化。要注重精准识别、精准施策，将帮扶贫困劳动力就业任务细化明确到村、到户、到人，实施“一村一法、一户一案、一人一策”，开展“一对一”精准帮扶。要加强职业指导、职业介绍，组织专业化团队和力量，开展面向贫困劳动力的职业测评，树立一批自强不息的先进典型，有针对性地激发贫困劳动力内生动力，调动其就业积极性。密集开展各类招聘服务活动，将贫困劳动力就业纳入东西协作、专项帮扶工作重点考虑，全力搭建贫困劳动力与用人单位对接的桥梁。同时，充分应用“互联网+就业服务”等新技术，将传统的展板宣传、基层走访、现场招聘与现代化的新媒体信息推送、远程招聘、远程培训等手段相结合，让贫困劳动力更加便捷高效地获得各项服务，招聘这种最常用、有效的就业服务方式，在面对贫困劳动力这个群体时，必须要提高针对性。一方面，在举办地点上，要贴近贫困劳动力居住地，便于他们来求职应聘；另一方面，在岗位类型上，也要尽可能多地提供相对符合贫困劳动力技能水平和特点的岗位，提高岗位匹配度。

第三，要强化技能培训，突出针对性。

要大规模开展职业技能培训，切实增强针对性、有效性，从根本上提高贫困劳动力就业竞争力和就业稳定性。要开展技能脱贫攻坚行动，将符合条件的贫困家庭子女、贫困劳动力全部纳入职业培训补贴范围，分类开展劳动预备制培训、就业技能培训和岗位技能培训。以就业为导向，整合各类培训资源，开设符合贫困地区、贫困人口特点的培训课程，开展订单式、定向式培训和校企合作培训。组织开展技能脱贫千校行动，力争使每个有就读意愿的贫困家庭“两后生”都能免费接受技工教育。

第四，要强化权益维护，把握全流程。

权益维护要贯穿劳动者求职就业创业全流程，对外出就业的贫困劳动力要“跟踪一人、落实一人、保障一人”。要深入开展和谐劳动关系创建活动，推进全民参保计划，广泛宣传劳动保障法律法规，增强各类用人单位和劳动者遵法守法意识。加强劳动保障监察执法，对不依法订立劳动合同、不缴纳社会保险、拖欠工资等问题进行综合治理，切实维护包括贫困劳动者在内的各类劳动者合法权益。开展整顿人力资源市场秩序专项行动，严厉打击非法中介、身份歧视等行为。

大的就业扶贫工作机制体系构建在现阶段已经形成了四个层面的保障机制，包括以信息化为基础的精准帮扶机制、有针对性的专项服务工作机制、有保障的资金供给机制以及以目标和成效为导向的工作考核机制（参见表1–2）。

表 1–2　就业扶贫工作机制四大模块

机制	内容
精准帮扶机制	●与国务院扶贫办定期共享贫困劳动力实名制信息，开发建设农村贫困劳动力就业信息平台，并分解下达，支持各地开展精准识别、精准服务。 ●建立工作调度机制，按月统计就业扶贫工作进展情况，适时开展通报。

续表

机制	内容
专项服务机制	•在就业援助月、春风行动等专项服务活动中将贫困劳动力作为重点服务对象。 •在全国助残日、全国扶贫日组织开展专项活动，集中为建档立卡贫困劳动力送政策、送岗位、送服务。
工作考核机制	•配合国务院扶贫办将劳务协作纳入东西部扶贫协作考核内容。
资金保障机制	•协调财政部将就业扶贫任务和成效纳入中央财政就业补助资金分配因素。 •向“三区三州”深度贫困地区针对性下达。

上述工作的四大机制，在不同省份和地区形成了不同类型、因地制宜的鲜活应用模式，为地方提供了方便贫困群体就业的有效途径。例如，青海省门源县的工作机制建立分为三个层级：一是组织领导到位。县委、县政府把促进农牧区劳动力转移就业作为增加农民收入、减缓农村就业压力的一项“兴农产业”来抓，成立了以县委主要领导为组长的就业再就业和促进教育两后生再教育工作领导小组，细化责任分工，明确部门职责，协调推进就业再就业各项工作。二是调查摸底到位。在每年开展培训前，做到台账清、培训需求清、就业意向清，根据市场需求和技能培训意愿，合理设置培训课程，确定培训工种，最大限度地满足贫困劳动力培训需求，进一步增强农牧民的就业创业能力。三是宣传动员到位。及时为外出务工人员提供真实可靠的劳务信息，减少信息的不对称。同时积极开展就业创业、劳动维权等相关政策宣讲，通过政府指导、政策引导，激发内生动力，激励和引导广大农民大胆走出去，实现就业创业。再如，安徽宿州埇桥区就业扶贫驿站的建设中，保证了四位一体，搭建全方位服务平台，提供资金支持，激发贫困劳动者内生动力，延伸服务，构建起对贫困劳动者进行托底安置的服务体系，保障了贫困劳动者不出乡镇、村就能享受公共就业创业服务，获得就业岗位和培训机会。

第二章　就业扶贫工作的具体开展形式

习近平总书记在党的十八届五中全会上明确指出，要通过转移就业解决1000万人脱贫。他还在2017年的中央经济工作会议上强调，对有劳动能力的，要通过产业扶持、转移就业等办法实现脱贫；对丧失劳动力的，要确保病有所医、残有所助、生活有兜底。他还指出，一个健康向上的民族，就应该鼓励劳动、鼓励就业、鼓励靠自己的努力养活家庭，服务社会，贡献国家。要改进工作方法，多采用生产奖补、劳务补助、以工代赈等机制，教育引导广大群众用自己的辛勤劳动实现脱贫致富。2019年“两会”期间，习近平总书记在甘肃代表团参加审议时指出，距离2020年完成脱贫攻坚目标任务只有两年时间，正是最吃劲的时候，必须坚持不懈地做好工作。习近平总书记的重要论述，立足基本国情和社会发展的阶段性特征，明确了就业扶贫的目标任务和总体要求，旗帜鲜明地指出了就业是更加积极、更可持续的脱贫方式，指明了夯实贫困人口稳定脱贫基础的主攻方向，充分体现了鲜明的目标导向和开发性扶贫的战略思想。我们要深刻领会习近平总书记重要指示精神、党中央的从严要求和不获全胜、绝不收兵的坚强决心，进一步增强“四个意识”、坚定“四个自信”、做到“两个维护”，进一步坚定信心不动摇、咬定目标不放松、落实责任不松劲、转变作风不懈怠，坚定不移地把促进更多贫困劳动力通过转移就业脱贫增收作为目标，尽锐出战、迎难而上，精准发力、靶向施策，确保完成各项任务，为打赢脱贫攻坚战作出应有贡献。

一、就业扶贫政策基本思路概述

目前，我国已经制定并出台一系列关于就业扶贫的具体规划和措施：2016年国务院出台《“十三五”脱贫攻坚规划》，重点阐述了转移就业脱贫的重大意义和路径措施，并提出开展就业扶贫专项行动的必要性；2017年，国务院印发《"十三五"促进就业规划》，再次强调就业扶贫工作的重要性，明确指出要促进农村贫困劳动力转移就业，并提出实现精准对接、劳务协作和政策扶持的实施细则。但是，如何加强政策之间的系统性、衔接性依旧是做好就业扶贫工作的当务之急。

二、当前就业扶贫基本形势

以贫困县为例，贫困县各项经济社会发展指标均低于全国平均水平，农村贫困劳动力占农村劳动力的比例高于全国平均水平。2018 年，贫困县人均 GDP 为 21818 元，占全国平均水平的 33.8%；人均财政收入 2007 元，占全国平均水平的 15.3%；农民人均可支配收入 10772 元，比全国平均水平低 3845 元；农民人均工资性收入 4704 元，比全国平均水平低 1279 元。贫困劳动力占农村劳动力的比例高达 12.4%，比全国平均水平 1.7% 高出 10.7%。

表 2–1　人均收入和贫困劳动力占比情况

类型	人均 GDP/ 元	人均财政收入 / 元	农民人均可支配收入 / 元	农民人均工资性收入 / 元	贫困劳动力占总劳动力比例 /%
74 个国家级贫困县	21818	2007	10772	4704	12.4
117 个非贫困县	55706	6973	17329	8866	4.1
191 个示范县	43885	5241	14858	7297	7.2
全国	64644	13140	14617	5983	1.7

三、就业扶贫主要工作内容

作为脱贫攻坚战期间扶贫战略的重要措施之一，就业扶贫一直受到国家的高度重视。就业扶贫是政府通过为农村贫困劳动力提供更多的就业岗位、开展培训提高他们的就业能力、引进外来投资或发展当地产业等手段，使农村贫困劳动力获得更多的收入，从而实现扶贫、脱贫的目的。

作为一项有针对性的扶持政策，就业扶贫旨在帮助贫困户或贫困地区发展生产，提高劳动人口的就业数量和质量，从根本上消除导致贫困的各种因素和障碍，改变穷困面貌。按照中央要求，促进贫困劳动力就业要坚持两大发展方向。一是就地就近就业。在具备一定资源禀赋和发展潜力的贫困地区，积极发展特色产业和各类就业扶贫载体吸纳就业，推进返乡下乡创业带动就业，开发公益性岗位托底安置就业，努力为贫困劳动力在家门口就业创造更多机会。二是外出就业。在经济欠发达、产业发展滞后和就业机会较少、就业质量不高的贫困地区，依托省内省际劳务协作机制，开展有组织劳务输出，引导贫困劳动力到经济发达地区就业。具体包括：（1）促进产业发展扩大就业。产业发展是稳定和扩大就业的坚实基础。有了稳定成熟的产业，才能从根本上创造更多就业岗位，增加贫困劳动力就业机会。（2）建设扶贫车间吸纳就业。扶贫车间，是近年来许多地方促进贫困劳动力就地就近就业创设的重要载体，对解决部分贫困劳动力外出务工难、就业能力弱等问题具有积极作用。（3）支持创业带动就业。创业带动有利于激发引导农民工、大学生、退役军人及创富带头人等有关人员在贫困地区创业，有助于促进贫困地区经济发展，更能实现带动就业倍增效应。（4）公益性岗位安置就业。乡村公岗的安置对象是就业难度大、家庭负担重、无法外出就业且有就地就近就业需求的贫困人口，岗位一般是为乡村提供各类公共服务的岗位。这样既能帮助贫困人口通过劳动提高收入，也能服务乡村振兴战略，为乡村振兴作出贡献。（5）劳务输出转移就业。劳务输出是促进农村劳动力外出务工的重要手段，通过提高劳务组织化程度，帮助中西部省份贫困劳动力到东部省份或省内发达地区就业，是就业扶贫的重要渠道，是迅速提高贫困人口收入水平的有效方式。

结合各职能部门的就业扶贫政策思路，实际工作中的就业扶贫项目被总结如下（具体政策的分类及其内容概述可以参见表 1–1）。

第一，建立就业扶贫车间。

扶贫车间可以用于支持乡村现代规模农业、传统特色产品等，是用于拓展农村贫困劳动力特别是留守人员居家就业、灵活就业的渠道。根据政策规定，就业车间（就业示范点）必须满足如下条件：（1）吸纳不少于 5 名农村贫困劳动力就业；（2）与贫困劳动力签订 6 个月及以上劳动合同；（3）贫困劳动力的工资待遇不低于当地最低工资标准。在对就业车间的支持上，政策规定：每吸纳 1 名农村贫困劳动力，按年给予就业扶贫车间（就业示范点）1000 元的一次性奖补，用于就业扶贫车间（就业示范点）发生的物管费、卫生费、房租费、水电费补助。

第二，就业专岗（公益岗）的设置。

在全面落实公益性岗位扶贫的基础上，政策鼓励乡镇大力开发公共就业服务管理、乡村生态旅游引导、孤寡老人和留守儿童看护、社会治安协管、乡村道路维护、保洁保绿、水库安全管理、山林防护等社会服务类就业专岗，用于安置建档立卡农村贫困劳动力，并按规定给予用人单位岗位补贴。

第三，转移输出就业支持政策。

对农村贫困劳动力参加有组织劳务输出的，给予到省外务工的农村贫困劳动力一次性交通补贴500元/人，给予到省内跨县（市、区）务工的农村贫困劳动力一次性交通补贴300元/人，每名农村贫困劳动力每年可享受一次。

第四，就业服务机构的搭建。

对乡镇（街道）人社所成功介绍农村贫困劳动力与用人单位（不含在公益性岗位就业）签订劳动合同且稳定就业12个月及以上的，按每介绍1名农村贫困劳动力给予一次性300元就业创业服务补助。

第五，“一村一品”帮扶就业模式。

“一村一品”产业项目优先用于支持贫困村发展，每个项目的扶持资金不少于5万元，不超过10万元，通过项目发展促进带动贫困劳动力就业。

第六，扩大创业担保贷款范围。

将有创业意愿的建档立卡农村贫困人口纳入创业担保贷款扶持范围，对考察合格符合条件的建档立卡农村贫困户个人创业的给予最高不超过10万元、对合伙经营和组织起来创业的给予最高不超过50万元、对小微企业等给予最高不超过400万元的创业担保贷款，并按规定给予贷款贴息支持。

第七，贫困劳动力创业支持。

对建档立卡农村贫困劳动力在行政区域内初次创办企业且稳定经营6个月以上的，可享受5000元的一次性创业补贴。

第八，技能培训。

为引导农村贫困劳动力参加就业技能培训，提高其就业技能并鼓励其积极求职就业，对参加就业培训并取得职业资格证的农村贫困劳动力，给予500元/人的一次性求职补贴。

第九，技工教育。

招收有就读意愿的建档立卡农村贫困家庭学生，按规定落实国家助学金、免学费政策，对特别困难的予以免除住宿费和午餐费用，优先选择专业，优先安排在校企合作订单定向培养班或企业冠名班，优先安排实习，优先推荐就业。建档立卡农村贫困家庭的子女接受技工教育的，可按规定申请扶贫助学补助，补助标准为每生每年 3000 元左右，补助 2 年。

第十，创业培训。

鼓励建档立卡农村贫困劳动力积极参加电子商务或其他创业培训（实训），按规定给予每人 1000~1600 元的创业培训补贴。对创业培训合格的建档立卡农村贫困劳动力，免费提供开业指导、项目推介、政策咨询等创业服务。

第三章 本地就业新载体：扶贫车间

一、相关政策

（一）国家部委政策

1.《贫困地区发展特色产业促进精准脱贫指导意见》明确产业扶贫思路

农业部、国家发展改革委、财政部、中国人民银行、国家林草局、国家旅游局、银监会、保监会、国务院扶贫办于2016年5月26日联合印发《贫困地区发展特色产业促进精准脱贫指导意见》（下称《意见》），为产业扶贫提供了具体思路。

《意见》指出，发展特色产业是提高贫困地区自我发展能力的根本举措。产业扶贫涉及对象最广、涵盖面最大，易地搬迁脱贫、生态保护脱贫、发展教育脱贫都需要通过发展产业实现长期稳定就业增收。《意见》强调，要以创新、协调、绿色、开放、共享的发展理念为引领，切实按照中央脱贫攻坚的战略部署和精准扶贫、精准脱贫的基本方略，紧紧围绕建档立卡贫困人口增收脱贫，发挥新型经营主体和龙头企业带动作用，整合财政涉农资金，加大金融支持力度，加快培育一批能带动贫困户长期稳定增收的特色优势产业。要坚持聚力到户、受益精准，因地制宜、产业精准，科学设计、项目精准，保护生态、绿色发展，帮贫脱贫、联动联考。

《意见》明确提出重点从八个方面推进产业扶贫。一是科学确定特色产业。科学分析贫困县资源禀赋、产业现状、市场空间、环境容量、新型主体带动能力和产业覆盖面，选准适合自身发展的特色产业。二是促进一二三产业融合发展。积极发展特色产品加工，拓展产业多种功能，大力发展休闲农业、乡村旅游、森林旅游和休闲康养，拓宽贫困户就业增收渠道。三是发挥新型经营主体带动作用。支持新型经营主体在贫困地区发展特色产业，与贫困户建立稳定带动关系，向贫困户提供全产业链服务，提高产业增值能力和吸纳贫困劳动力就业能力。四是完善利益联结机制。鼓励开展股份合作，农村承包土地经营权、农民住房财产权等可以折价入股，集体经济组织成员享受集体收益分配权；有关财政资金在不改变用途的情况下，投入设施农业、养殖、光伏、水电、乡村旅游等项目形成的资产，具备条件的可折股量化给贫困村和贫困户。五是增强产业支撑保障能力。大力发展电子商务，积极培育特色产品品牌。加快有关科研成果转化应用，推进信息进村入户。加强贫困地区新型职业农民培育和农村实用人才带头人培养。六是加大产业扶贫投入力度。各级各类涉农专项资金可以向贫困地区特色产业倾斜的，要加大倾斜力度。使用财政专项扶贫资金发展种养业的，扶贫部门应会同农业、林业等部门加强指导。财政专项扶贫资金进一步加大了对产业精准扶贫的支持力度。七是创新金融扶持机制。鼓励金融机构创新符合贫困地区特色产业发展特点的金融产品和服务方式，鼓励地方积极创新金融扶贫模式。八是加大保险支持力度。积极发展特色产品保险，探索开展价格保险试点，鼓励保险机构和贫困地区开展特色产品保险和扶贫小额贷款保证保险。

2.《打赢人力资源社会保障扶贫攻坚战三年行动方案》提出具体举措

人社部于2018年8月31日印发《打赢人力资源社会保障扶贫攻坚战三年行动方案》的通知，该通知进一步发挥人力资源社会保障部门职能作用，细化任务措施，压实工作责任，强化工作落实，推动人力资源社会保障扶贫攻坚工作更加有效开展。方案提出总体目标：到2020年，通过扩大建档立卡贫困劳动力（以下简称贫困劳动力）就业规模、提高就业质量，促进100万贫困劳动力实现就业，带动300万建档立卡贫困人口（以下简称贫困人口）脱贫。

方案重点指出，要扶持发展扶贫车间等载体吸纳就业。在贫困乡镇、村建设一批扶贫车间、社区工厂、卫星工厂等就业扶贫载体。配合扶贫部门将扶贫车间等载体建设纳入扶贫项目建设规划，不断规范建设标准。鼓励企业、农民专业合作社、扶贫车间等各类用人单位吸纳贫困劳动力就业，对开展以工代训的，给予职业培训补贴；对企业按规定给予一定数额的社会保险费补贴；对吸纳就业成效好的就业扶贫基地，给予一次性资金奖补。

3.《2019年乡村产业工作要点》统筹产业融合发展

农业农村部于2019年3月9日发布《2019年乡村产业工作要点》。围绕农村一二三产业融合发展，聚焦重点产业，聚集资源要素，强化创新引领，培育发展新动能，构建特色鲜明、布局合理、创业活跃、联农紧密的乡村产业体系，指导各地结合实际抓好落实。

《2019 年乡村产业工作要点》中提到，在工作要求上要强化“三个统筹”。一是统筹农业内部产业协调发展。依托种养业，提升种养业，一产往后延，二产两头连，三产走精端，推进粮经饲统筹、农牧渔循环、产加销一体、农文旅结合和一二三产业融合发展。二是统筹农业外部相关产业协同发展。与工业、商贸、文旅、物流、信息等跨界融合，推动乡村产业在生产两端、农业内外、城乡两头高位嫁接、相互交融、协调发展。三是统筹各方力量合力推进。与发改、财政、工信、住建、交通、文旅、自然资源、生态环保、市场监管等部门协同推进，促进科研院校与企业双向对接，形成上下联动、内外互动、多方助动的工作格局。

《2019 年乡村产业工作要点》的发布，从多方面推进产业扶贫：一是加力推进融合发展，增强乡村产业发展聚合力，二是大力发展农产品精深加工，打造乡村产业发展高地，三是聚力发展特色产业，拓展乡村产业发展空间，四是培育壮大龙头企业，增强乡村产业发展活力，五是积极发展乡村休闲旅游，增添乡村产业发展亮点，六是促进农村创新创业升级，增强乡村产业发展新动能，七是大力推动产业扶贫，助力打赢脱贫攻坚战。

（二）各省市政策

产业扶贫是脱贫增收的重要抓手，是贫困户增收脱贫的基础性、根本性、长效性的举措，各省市在实施脱贫实践中，对产业扶贫的重视程度逐步提高，积极出台相应政策，大力推进产业扶贫，发挥产业扶贫的带动作用。

1. 培育优势产业的政策

河北印发《2019 年产业扶贫工作要点》，重点提出培育优势主导产业。实施贫困地区特色产业提升工程，结合贫困地区资源优势、产业基础和群众意愿，在每个贫困县培育 1 个以上特色鲜明、带贫面广、有竞争力的扶贫主导产业。着力发展“四种四养”农业特色产业，发展特色经济林等生态产业，支持贫困地区发展“旅游 +”等多种业态建设，提高贫困县电商的运营质量和水平，有序推进村级光伏电站建设，积极推广“企业 + 合作社 + 贫困户”家庭手工业扶贫模式。

广东印发《关于打赢脱贫攻坚战三年行动方案（2018—2020年）》，重点提出要加大产业扶贫力度，大力发展优势特色扶贫产业。加大县镇统筹力度，健全县级产业扶贫规划和项目储备库，发挥现代农业产业园的辐射带动作用，统一规划、连片开发，建设一批特色鲜明、带动能力强的扶贫产业，因地制宜发展休闲农业、乡村旅游、设施农业、农产品加工业等农村二、三产业，辐射带动建设一批旅游扶贫、电商扶贫、光伏扶贫等特色产业扶贫村，提升产业扶贫的组织化程度。

湖北省在《“十三五”产业精准扶贫规划》中明确提出，要重点发展特色种植业、养殖业、乡村旅游业，力争到2019年，基本实现村村有基地、户户有项目，全省贫困人口都能直接或间接参与到农业产业扶贫项目中来，农业产业基础设施得到夯实，形成一批农业产业发展基地和龙头企业，特色优势农业产业成为扶贫攻坚的重要抓手，促进湖北省经济社会跨越式发展，提前实现湖北省扶贫攻坚目标。

2. 产业扶贫标准化的政策

廊坊市积极推进新兴产业扶贫，15项国家首批产业扶贫标准由国家市场监管总局、国家标准化管理委员会正式批准，包括《村级光伏电站管理与评价导则》等4项国家标准和《蜂产业项目运行管理规范》等11项国家标准化指导性技术文件。《村级光伏电站管理与评价导则》等4项光伏标准，是在国务院扶贫办、国家能源局等部门的指导和参与下，由国家电网公司制定，此次发布的系列标准，规范了村级光伏扶贫电站的建设，明确了电站设计、施工安装、调试与验收、运行维护等技术要求，从村级光伏扶贫电站规划设计管理、施工管理、验收管理、运行维护管理、信息监测管理、收益分配管理、项目评价等方面对光伏扶贫电站管理和评价提出了总体要求。同时，针对多个村级光伏电站采用集群方式接入电网的情况，从光伏电站集群规划设计原则、接入系统分析、系统规划、集群控制系统架构及功能等方面做出了综合规定，填补了我国光伏电站集群并网领域的技术标准空白。

3. 强化产销链接，激发带动机制的政策

河北省提出，要抓好产销衔接。着力提升贫困地区农产品供应水平和质量，促进贫困人口稳定脱贫和贫困地区产业持续发展。推广标准化生产，开展绿色、有机、农产品地理标志认证。引导新型经营主体在贫困村建立一批集约化、规模化、专业化生产基地。完善贫困县名特优农产品名录。通过新闻媒体继续开展贫困地区农产品公益宣传，支持贫困县参加中国国际农交会、廊坊农交会，引导贫困地区农产品“走出去”。

广东省加强产销对接机制。多渠道拓宽农产品营销渠道，推动批发市场、电商企业、大型超市等市场主体与扶贫产业基地和相对贫困村建立长期稳定的产销关系，推广以购代销的扶贫模式。加快推进“快递下乡”工程，支持大力发展农村电子商务，完善粤东粤西粤北地区冷链仓储、物流配送和农村电商服务体系。完善新型农业经营主体与相对贫困户联动发展的利益联结机制，推广“公司（合作社）+ 基地 + 贫困户”、代耕代种、土地托管、股份合作、订单帮扶等模式。加大脱贫致富带头人培育力度，健全县级脱贫致富带头人培育体系，辐射带动一批相对贫困户。深入实施农业科技特派员精准扶贫“千村大对接”行动。鼓励通过政府购买服务方式向相对贫困户提供便利高效的农业社会化服务。深入实施贫困地区特色农产品品牌提升行动，加大对贫困地区“三品一标”、名牌农产品宣传推介的力度，办好扶贫农产品展销会。到 2020 年年底，基本实现市场销售主体、农业企业（合作社）、农业科技人员与扶贫产业结对全覆盖。

湖北省出台《“十三五”产业精准扶贫规划》，通过采用“公司 + 合作社 + 基地 + 贫困户”经营模式，扶贫措施精准到户到人。重点依托龙头企业、专业合作组织带动，为贫困户提供技术、加工、销售等服务，带动贫困户新建茶叶基地，进行低产茶园改造。二是推进标准化茶叶加工厂建设，按照茶园面积合理布局，引导按照能人牵头、贫困农户入股、利益共享、风险共担的模式建设茶厂。三是优先安排贫困户短期免费培训，并在茶园管理、茶叶加工及厂区建设等方面优先安排就业，茶叶企业在当地工价基础上，按上浮 10% 的工资付给贫困户劳动报酬，同时按市场价上浮 5% 的价格进行贫困农户的茶叶收购。

安徽省在《关于产业扶贫等 6 个方面存在问题整改落实方案的通知》中提出，要大力发展创新主体带动机制。大力培育新型农业经营主体或其他经营主体，支持有意愿、有实力的主体参与产业扶贫，积极探索创新产业扶贫模式，大力推行各类园区带动、龙头企业带动、经营大户带动和群众自身调整优化种养结构的“三带一自”模式，推进贫困村、贫困户与市场主体对接，力争每个实施产业扶贫项目的贫困村、贫困户都有主体带动。及时总结归纳典型案例和优秀做法进行推广，加强产业扶贫现场观摩，发挥典型引路作用，不断放大产业扶贫效应。

4. 打造产业扶持脱贫平台的政策

河南省出台《转移就业脱贫实施方案》，着力打造四方面产业扶持脱贫平台：一是融资平台。支持贫困县开展统筹整合使用财政涉农资金试点。从省财政支持建立农业信贷担保体系资金中，安排一定比例设立专项基金，支持重点扶持脱贫产业发展。鼓励和引导各类金融机构提供助农贷、助保贷等信贷新产品，以及“风险补偿基金＋经营主体＋银行”“担保基金＋脱贫互助社＋银行”、产业脱贫担保贷款等融资业务。拓展农业产业保险险种，扩大扶贫产业保险覆盖范围，降低产业扶持脱贫项目风险，优先保障贫困户参加农业保险财政补贴险种。对现有村级互助资金组织进行评估，对管理规范、运转良好的，通过脱贫资金补助、社会帮扶等方式进行支持。二是服务平台。支持贫困县组建脱贫技术服务团，每个贫困村至少有一名技术人员、一名驻村干部、一个帮扶单位提供技术支撑、指导产业发展等，定期为每个贫困村开展技术培训，保障每个发展产业的贫困户每年至少接受一次技术培训。推行“科研试验基地＋区域示范基地＋基层推广服务体系＋农户”的链条式农技推广服务新模式，定期组织科技人员对贫困村开展农技推广和技术服务。三是营销平台。支持商业服务、农资交易配送、农畜产品交易网点建设，大力发展农超对接、直供直销、连锁经营等新型流通业态，支持贫困地区与大型超市和城市社区合作，采取生鲜农产品和特色农产品农超对接、“基地＋社区直供”等多种形式，实现贫困地区优质农产品与城镇消费群体对接。在鲜活农产品产量较大的地区建设一批生鲜冷链物流设施，力争每个县建成一个兼具城乡配送功能和区域集配功能的物流中心。四是项目平台。指导贫困县编制产业扶持脱贫规划，建立产业扶持脱贫项目库，按项目年度动态调整，滚动实施。根据贫困原因和产业需求，逐户确定贫困户产业扶持脱贫项目，建立产业精准脱贫工作台账，落实帮扶责任人、扶持资金、扶持项目和工作进度。对列入省级以上产业脱贫示范项目的，省财政给予适当补助。

5. 促进生态扶贫的政策

湖北省因地制宜，在《“十三五”产业精准扶贫规划》中提出要努力推动旅游扶贫区域内乡村旅游与工业、农业、林业等融合发展。全力推进全省 243 个旅游扶贫重点村脱贫致富工作，深入开展“五级联创”，实施农家乐精准扶贫创业项目，对建档立卡贫困人口开展农家乐、农庄、民宿创业、兴办“森林人家”等给予支持，坚持政府主导，不断加大产业扶持力度，支持和引导贫困区域内的县、镇、村参与湖北旅游名城（市、县、区）、湖北旅游名镇、湖北旅游名村、湖北旅游名街、休闲农业示范点、旅游名店（高星级农家乐、休闲农庄、旅游美食店、乡村娱乐休闲店、乡村旅游购物店等）的创建工作，大力扶持国家、省级森林公园、湿地公园的创建，积极发展森林、湿地旅游观光和休闲产业，充分发挥旅游扶贫作用。结合城乡一体化和美丽乡村建设，制定贫困地区乡村旅游扶贫规划，大力扶持发展红色旅游、乡村旅游、生态旅游、民俗旅游等，建设一批特色旅游名镇名村，发展一批带动脱贫的旅游产品。

河南省在《河南省产业扶持脱贫实施方案》中提出，大力发展农业旅游、生态旅游、民俗旅游、文化旅游、休闲旅游、红色旅游等，建设伏牛山旅游通道，完善桐柏－大别山、豫东平原贫困县旅游基础设施，发展贫困村旅游创客示范基地。实施乡村旅游后备箱工程，支持贫困村就地就近销售土特产品，鼓励星级宾馆、大型连锁超市在贫困村建立农副产品直供基地。扶持贫困村发展乡村旅游合作社，培育乡村旅游模范村（户）、金牌农家乐，引入社会资本开发休闲农庄、特色民宿、山地运动等项目。推进栾川、嵩县、新县等全域旅游发展，打造伏牛山生态旅游、大别山红绿结合精品景区和线路。

二、优势分析

扶贫车间是指在行政村或自然村中新建小型厂房，或利用村级活动场所和闲置民宅，把技术要求不高、劳动强度不大、市场需求稳定的企业的部分或全部产品工序放到村头，让群众在家门口就业的一种扶贫方式。扶贫车间的特性包括：其一，投资规模适宜，即不一定需要大量资本和高新技术。其二，劳动力吸纳能力比较强，即在解决富余劳动力的就业上有比较充足的空间。其三，就业门槛比较低，即特别有助于城乡低收入者、能力素质低的劳动者、深度贫困人口实现就业。其四，产业适应面比较广，即要因地制宜地融合欠发达县域城乡资源特点和产业开发特点。其五，市场空间比较大，具有一定的发展潜力，能够持续增收，确保深度贫困人口稳定脱贫且不易返贫。扶贫车间的上述五个特点决定了扶贫车间具有贫困群体针对性、弱势人群针对性和就地就业针对性三个针对性内容，从而意味着扶贫车间在快速带动贫困地区弱势劳动力致富方面具有优势。

在扶贫车间基础上，还演化出社区工厂和卫星工厂。社区工厂规模更大，对专业技能的要求相对更高，但在社区工厂工作的劳动力的收入也相对更加稳定、工资待遇和福利待遇也更好。尤其地，社区工厂能够更有效地解决异地扶贫搬迁群众就近就地就业问题，实现了“搬得出、稳得住、能致富”的目标。和扶贫车间类似，社区工厂降低认定门槛。由于社区工厂是脱贫攻坚产业发展中一种新的经济组织形式，各单位以打赢脱贫攻坚战为统揽，按照营商环境建设的要求，本着先发展后规范、先建厂后证照的思路，最大限度地用足用活政策，降低准入门槛，努力培育发展社区工厂。卫星工厂制度是一个中小企业与大企业间的互惠互利关系。其互利关系的形成，在于卫星工厂与中心工厂的长期合作。在扶贫领域的应用，则体现为将工厂办到农民家门口，让农民转身变成工人。卫星工厂的发展依托于中心工厂，而中心工厂往往已经形成了一定规模，因此对卫星工厂的质量保障和技能要求有更进一步的高要求。因此，劳动力培训是卫星工厂正常运行的基本前提，而这些劳动力往往可以依托自身所形成的更高劳动素质获取更高的工资待遇。此外，卫星工厂也满足了一部分原本有外出务工计划的群体在家附近务工的需求，降低了其照料子女和老人（如带子女或老人一同外出）的成本，兼顾了农户对土地生产的需求。

以贫困县为例统计，贫困县的扶贫车间、社区工厂等吸纳就业人数占比超八分之一。贫困县贫困劳动力就地就近就业人数占贫困劳动力转移就业总人数的 39%，比非贫困县低 3.7%。贫困县现有扶贫车间、社区工厂等扶贫就业载体 3841 个，共吸纳农村贫困劳动力 65062 人，平均每个载体吸纳就业 16.9 人。扶贫车间吸纳的贫困劳动力占贫困县就地就近转移就业人数的 12.7%，比非贫困县低 1%。

表 3–1　扶贫车间吸纳就业情况

类型	扶贫就业载体数 / 个	吸纳贫困劳动力就业人数 / 人	平均吸纳贫困劳动力数量 / 人	占就地就近转移就业比例 /%
74 个国家级贫困县	3841	65062	16.9	12.7
117 个非贫困县	1955	30094	15.4	13.7
191 个示范县	5796	95156	16.4	13.0

三、适用范围

我们认为，扶贫车间更适合产业基础非常薄弱的很多欠发达县域。理由在于，从产业链条建设上看，要注意扶贫车间是贫困地区贯彻落实“非产业链招商”理念的重要载体与实现形式。欠发达县区发展严重受制于面积、人口、资源、生态环境、市场容量、经济规模、技术水平等因素，往往陷入“无链可延”“无链可补”“无链可强”的尴尬境地，所以普遍推行的“产业链招商”的条件并不具备，只能“反其道而行之”，通过倡导“非产业链招商”的形式实现产业化的初期发展。这是因为，像扶贫车间这样的“非产业链招商”项目是通过接受域外产业的“外包”辐射，为域外（而不是域内）企业进行配套服务，甚至可能仅仅是域外企业产业链条上的一个节点（工序），故对本地的产业基础和产业链条的要求相对较低。而对于具有一定产业基础的少量经济强县，可以通过“产业链招商”将现有产业链条向上下游延链、补链或强链，因此不建议采用扶贫车间构建形式作为重要地方就业扶贫手段。社区工厂设立的总体要求是鼓励各类企业，重点是劳动密集型企业和创业人员，在原有社区、移民搬迁集中安置区、中心村搬迁安置点等区域，利用配建的商业用房、社区空置门店、老厂房、旧学校、旧办公楼等闲置土地、房屋，创办生产加工型工厂（分厂）或加工车间，着重解决建档立卡贫困劳动力，以及移民搬迁群众就地就近就业，实现脱贫致富奔小康。卫星工厂务工时间灵活，满足了拥有一定技能劳动力兼具农业生产、照料家务等方面的综合性需求。依托于没有严格上下班时间的优势，农户农闲的时候就可以到这里上班，这样也可以给家里增加一点收入，所以对贫困群众来说，是比较好的增收渠道。此外，一些地区的卫星工厂免费为社区周边的农村妇女提供技术培训，卫星工厂通过与中心工厂的合作，拿回来的订单可以让农村妇女在工厂加工生产。

四、政策效果

就业扶贫车间对于促进农村妇女、孤寡老人等为代表的贫困劳动力就地就近就业，依然是最便捷有效的方式之一，各地不断探索促进就业扶贫车间长效运营的健康发展模式。例如，安徽省宿州市灵璧县全面推进就业扶贫驿站建设，依托本地运营情况良好、劳动岗位较多的小微企业新建一批就业扶贫驿站；依托结对帮扶，与南陵县共建就业扶贫驿站；依托县里建设的扶贫工厂建设公共就业服务中心和电商中心，吸纳农村贫困劳动力就地就近就业。湖北省黄冈市英山县按照统一标示、统一编号、统一模式的标准，在全县建立标准化扶贫车间。江西省上饶市余干县引导全县服装、电子、农产品加工等劳动密集型企业在乡镇（村）提供的场地上建立就业扶贫车间（加工点）。具体归纳如下：

第一，有效促进贫困户增收。

习近平总书记指出："产业扶贫是最直接、最有效的办法，也是增强贫困地区造血功能、帮助群众就地就业的长远之计。要加强产业扶贫项目规划，引导和推动更多产业项目落户贫困地区。"产业扶贫是贫困地区人口稳定脱贫的关键，能有效促进贫困户增收，带动贫困地区实现脱贫。多数实施产业扶贫政策的地区都取得了显著成效。安徽省蚌埠市固镇县石湖乡陡沟村大力发展农业产业，坚持农业产业多元化与电商融合发展，贫困户劳动能力不断增强，形成了产业推动电商服务，电商促进产业发展的双赢局面。随着产业发展的不断进步升级，该村的脱贫攻坚效果有了显著提高，建档立卡贫困户也从最初的 112 户 275 人下降到 2017 年的 5 户 16 人。湖南省株洲市攸县着力促进产业脱贫增收，扶持出一批龙头企业，推介出一批农特产品。2018 年，县财政安排产业扶贫专项资金 1000 万元，对龙头企业、新型农业经营组织和贫困户实行以奖代补，重点扶持了优质稻等产业化种养项目 115 个，覆盖建档立卡贫困人口 72.1%。截至 2019 年 5 月，攸县种植柑橘、脐橙、杨梅、黄桃、猕猴桃、葡萄等优质水果 4400 公顷，年产值 7.22 亿元，带动 2800 余名贫困群众脱贫，涉及农户人均年收入增加 3600 元以上。产业扶贫有效促进贫困户增收，提升贫困地区人民的生活水平，带动脱贫成效显著。

第二，因地制宜发展特色产业。

产业是致富之源、脱贫之基，能够为区域经济发展提供充足的动力，产业扶贫政策将产业引领作为精准扶贫的突破口，推动产业发展落到实处。很多贫困地区根据产业扶贫政策的要求，因地制宜选择特色产业，在多地探索发展"农业 +""互联网 +""旅游 +"等新业态、新模式，脱贫的同时也形成了节能高效的优势产业，形成多元化脱贫载体。如内蒙古包头市在山北地区重点发展马铃薯、肉羊、油菜籽、小杂粮、中药材等产业。在山南地区重点发展生猪、肉羊、水产养殖和玉米、小麦、甜菜及露地蔬菜等产业，打造“一村一品、一乡一业”。截至目前，已完成县级贫困攻坚项目建设入库项目966个，其中产业扶贫项目达639项。种植马铃薯11万亩，小杂粮16.5万亩，中药材2.5万亩；养殖肉羊6万只，生猪2.6万头，牛0.9万头，禽类12万只，驴0.12万头，鹿650头。全市建成示范基地76个，其中包括46个规模化、标准化养殖业生产示范基地，30个规模化、标准化种植生产示范基地。利用5个现代农牧业园区、3个食品加工园区集聚产业、促进就业，支持本地企业，引进国内外行业龙头企业入驻园区，打造了一批肉羊、马铃薯、黄芪、甜菜、鹿产品等产业链条长、辐射带动强的加工企业，目前建设龙头企业加工业基地80个。2018年，包头市通过产业发展脱贫610人，在产业发展脱贫总人数中，强势劳动力脱贫人数达366人，弱势劳动力依靠新型经营主体减贫244人。河北省衡水市武强县以首批国家级非物质文化遗产——“武强年画”为依托，推出年画文化游助力脱贫模式。该县以全国第一家年画专题博物馆——武强年画博物馆为平台，在有年画产业基础的贫困村恢复作坊，引导贫困群众参与年画生产销售全过程。目前，全县年画作坊达到126家，带动1300余名贫困群众年人均增收2万元左右。贫困地区依靠产业政策扶持，培育出适应当地资源及生态环境的特色产业，为脱贫提供了可持续的原动力。

第三，贫困户与市场主体的利益联结机制逐步加强。

随着产业扶贫政策的实施，由政府引导，农业龙头企业、新型农业经营主体、经济能人带动，贫困户与市场主体紧密的利益联结机制基本建立，贫困户参与产业发展活动更为便捷，利益联结机制的完善有效带动贫困户脱贫。如广东省茂名市与广州“万讯七子”电商平台合作，建立一系列“致富中心超市”网上商城，销售200多个村出产的原生态农产品等，不仅帮助贫困村把产品卖出去，而且还把平台利润的75%返还到贫困村，让贫困户最大程度受益。同时茂名市政府在各村设立致富中心和致富站，将当地种植、养殖、野生的农副产品销售出去，同时让农村所需的工业产品通过电商平台走进千家万户，实现优质商品的双向流通，打造线上线下的农村致富超市，链接农户、七子社区超市、七子农贸批发市场、七子单位饭堂以及扶贫单位等，建立农村、城市预定预采的订单式供给体系，构建社会能参与、能落地的扶贫电商平台，实现全域扶贫。河南省周口市太康县实施精准对接，健全利益联结机制。强化扶贫产业与贫困对象的利益联结，让贫困户得到实惠。一是扶贫基地带动模式。以新型农业经营主体为龙头，形成“基地＋农户”产业格局。二是贫困户入股分红模式。贫困户带资入股（5万元小额贷款）到龙头企业，贫困户负赢不负亏，每年最低收入3000元。三是资产收益模式。财政资金建设的光伏电站、扶贫车间移交到所在村村委会，收入用于兴办村公益事业、创办新兴产业、为贫困户分红。四是车间就业模式。采取吸纳贫困劳动力就地务工方式，实现就业脱贫。五是直接扶持模式。对有意愿的贫困对象，使用财政资金给予帮扶。随着产业扶贫政策的实施，多数贫困地区已经形成贫困户与市场主体的利益联结机制，产业扶贫拓展了社会力量对扶贫工作的参与广度，为贫困地区脱贫提供了多元载体。

第四，以产业扶贫带动就业扶贫的新模式初步形成。

产业扶贫带动就业扶贫，是扶贫主体与扶贫对象互利共赢的有效扶贫模式，在产业帮扶过程中，企业发挥典型示范作用，鼓励带动更多的企业吸纳贫困人员，积极实施产业扶贫、转移就业扶贫等措施，不仅能够解决企业用工难的问题，更解决了贫困劳动力的就业问题，为贫困户增加了工资收入。随着脱贫工作的不断深入，地方政府及企业开始探索以产业扶贫带动就业扶贫的新模式。如河南省南阳市淅川县，作为国家生态安全战略要地，全国扶贫开发重点县、河南省深度贫困县，也是2019年河南计划摘帽县，扶贫任务重、脱贫路径窄，是全省脱贫攻坚的坚中之坚。近年来，淅川县以产业扶贫带动就业扶贫，依托龙头企业推动车间进村。为了让扶贫车间持续稳定发挥效益，切实让贫困户搭上致富快车，淅川不断对标升级，增强产业竞争力。同时在扶贫车间项目招商上，重点引进优质成熟龙头公司，正常经营时间须在3年以上，能保证扶贫车间持续稳定运行，贫困户持续稳定就业。截至2019年2月，淅川县已完成“扶贫车间”升级达300多家，带动8700余名留守妇女、待业青年在家门口就业，其中贫困人口占30%左右，脱贫效果显著。随着产业扶贫的逐步深化，产业扶贫带动就业扶贫的新模式逐步完善，以产业带动就业，助力脱贫攻坚。

五、现存挑战

扶贫车间在贫困地区展现出了诸多优势，但合理规划和因地制宜是既有扶贫车间建设中的一个重大挑战。正如前文所述，扶贫车间是贫困地区贯彻落实“非产业链招商”理念的重要载体与实现形式。故此，扶贫车间规划需要主动融入国家产业发展战略，主动对接全省产业体系空间布局，否则可能会被忽略、被虚化、被弱化、被边缘化。因此，在建设扶贫车间过程中，需要注意如下链条。一省的产业体系至少由以下五部分构成：村（组）层面布局的侧重点是某一产品的一道工序；乡（镇）域层面布局的侧重点是完整的一个产品或产业链条的一个环节；县域层面布局的侧重点是某一产业的多链条化；市（州）域层面布局的侧重点是某一产业的全链条化；省域层面布局的侧重点是产业集群或产业基地。它们是立体化、多层次的有机统一体，共同构成了省域的“工序—产品—产业—链条—集群”的金字塔型产业体系，即所谓的“一村（组）一工”“一乡（镇）一品”“一县一业”“一市（州）一链”“一省一群”。扶贫车间居于金字塔型产业体系的最底端，必须在全省的产业发展规划和产业体系空间布局中精准定位。尽管社区工厂的出发点很好，并具有适用性，但在切实解决富余劳动力以及建档立卡贫困劳动力就业增收过程中，仍存在部署和监督方面的问题，导致社区工厂效应未能充分发挥。基于此，建议地区脱贫攻坚办将社区工厂工作纳入到考核内容，加大督查督办力度，确保社区工厂（扶贫车间）各项工作的顺利实施。卫星工厂对农户的技能条件要求更高。一旦贫困户自我发展能力不足，则会限制卫星工厂对贫困农户的带动效应。这种自我发展动力不足，一方面表现为自我发展能力弱，如果贫困地区未脱贫人口大部分为老弱病残，自主脱贫能力不强，无劳动能力或缺少劳动技能，就业渠道狭窄，转移就业和增收难度较大。在这种条件下，将产业发展作为脱贫攻坚的重要载体，贫困人口参与度还需要进一步提高，产业扶持政策还需要创新模式，推出更适合实际情况的项目，解决贫困户自我发展能力不足的问题。另一方面是自身发展动力不足的问题。不可忽视的是，少数贫困户安于现状、好逸恶劳，自主脱贫意愿不强，“蹲在墙角晒太阳，等着政府送小康”的“等靠要”依赖思想不同程度的存在，大大增加了扶贫的难度。而这就需要政府加强生产激励，充分激发农户发展动力。

六、发展前景

扶贫车间具有的发展前景，尤其适用于深度贫困地区和劳动能力尚无法充分发挥出来的闲置且无法外出的本地劳动力。在扶贫车间建设上，要鼓励跨区域整合资源，把村组的扶贫车间建在产业链或产业集群上。当然，无论是建在产业链上，还是建在产品端上，均必须建在产业链或产品端中的富民[①]环节（区段、工序）上。强调扶贫车间对贫困人口的“富民”本意。

对社区工厂而言，首先，强化社区工厂是链接区域产业合作的抓手。社区工厂的建立往往不是地方政府行为，而是地方与企业，甚至跨区企业的联动。故可以在未来阶段，基于社区工厂建设契机，西部欠发达贫困地区主动对接联系、学习和借鉴东部及发达地区的先进理念，积极引进诸如电子元件、手机配件、机械零部件、玩具等无污染、低噪音、低技能、低能耗、易运输的劳动密集型加工企业，采取连锁经营、联合经营、股份合作、订单加工等形式，优先在移民搬迁安置区、深度贫困村等场所建立社区工厂（扶贫车间），打造劳动密集型加工基地，实现外出务工人员返乡创业和建档立卡贫困劳动力就地就近就业。第二，让地方优势和传统文化得到弘扬并走上市场化、经济化道路。尽管西部地区发展落后，但是不少地区仍保有极具文化价值的手工艺或相关生产习俗，可以在未来因势利导得到发挥。具体来讲，西部地区可以充分发挥农村富余劳动力、留守妇女、移民搬迁群众等人力资源优势，吸引服装加工、鞋帽袜、手套、手工艺品编织等加工企业，按照不硬性要求设公司、只求办工厂的思路，在移民搬迁安置社区开办加工厂，实现就地就近就业增收致富促脱贫。第三，发展壮大传统产业。借助生态资源优势，围绕苹果、核桃、花椒、中药材、山野干货等优质特色资源，支持农业合作社、农业龙头企业流转社区周边土地或农户以土地入股的方式，发展农林生态产业园区，建设农产品加工厂（车间），采取精细耕种、深度加工、精美包装，利用淘宝、京东等电子商务网络平台，销售农特产品，帮助群众和贫困劳动力在园区、在工厂、在网络平台实现切合自身实际的就业。第四，发展旅游产品。结合“红色文化旅游特色小镇”的发展战略，按照“城镇即景区、文化即生活”的理念，突出红色主题、老区特色，大力培育发展山桃核加工、根雕奇石、书画装裱、刺绣等旅游纪念品加工坊，拉长旅游产业链，提升产品

---

① 从产业实施成效划分类型，可以进一步细分为特色产业、优势产业、主导产业、富民产业等，它们各有侧重。其中，特色产业就是由“一方水土”决定的产业，优势产业是指在成本价格、市场前景、品牌信誉、质量性能、售后服务等方面具有一定优势的产业，主导产业就是县域经济舞台上“唱主角”的产业，富民产业就是让老百姓的“腰包尽快鼓起来”的产业。一般而言，县域产业选择主要涉及主导产业，同时兼顾特色优势产业与富民产业。

附加值，实现群众多渠道、多形式的就业增收与全域旅游融合发展。

“总部＋卫星工厂＋农户”的模式逐步向各乡镇小微产业园和深度贫困村辐射，让建档立卡贫困户在家门口实现就业，通过一人就业，带动全家脱贫。卫星工厂的好处在于，充分发挥政策优势，鼓励企业发展。能够进一步把农民从土地中释放出来，从就业观念、生活习惯上逐步引导。探索群团组织建设前移，在卫星工厂企业中逐步建立健全党组织、群团组织，给予三类人员家属、建档立卡贫困户更多关注，深入卫星工厂开展调研。尝试通过信息化系统统一管控等方式实时掌握企业情况，助力脱贫攻坚。

可以说，卫星工厂的设置仍有很大前景。大工厂如果缺少中小型工厂产业链条上的密切配合，无法实现高效率分工生产。故此，继续发挥欠发达地区的卫星工厂职能，发挥地区的人力资本优势和劳动力红利优势，形成产业化链条下的后溯链形态。

总结三类新型就业载体，实际上其根本优势均在于构建了诸如“乡镇企业”的工作平台，填补了农村就业机会不充分的空白，很好地解决了农户收入低的难题。因此可以说，无论是扶贫车间，社区工厂还是卫星工厂，或者任何一种“乡镇企业”的衍生形式，均能够从给不便离家的劳动力提供增收和致富机会这一途径上实现缓解贫困。由此总结出：第一，扶贫车间具有贫困群体、弱势人群和落后地区针对性，具有快速带动贫困地区弱势劳动力致富的优势，且扶贫车间更适合产业基础非常薄弱的很多欠发达县域；其挑战在于合理规划和因地制宜性的保障；建议是扶贫车间的建设必须是产业链或产品端中的富民环节。第二，（搬迁地）社区工厂的优势在于规模更大，对专业技能的要求相对更高，劳动力增收效果更好；挑战在于仍存在部署和监督方面的问题，导致社区工厂效应未能充分发挥；故建议在加大监督力度的同时，重视以工厂链接地方优势和传统文化，并将其向市场化和经济化方向引领。第三，卫星工厂通过“总部＋卫星工厂＋农户”的模式逐步向各乡镇小微产业园和深度贫困村辐射，让建档立卡贫困户在家门口实现就业，通过一人就业，带动全家脱贫。但挑战在于其发展严重依赖于高素质的人才，因此人才培训非常重要。故此，要积极开展人才培训，以便发展卫星工厂的欠发达地区继续发挥劳动力红利优势，形成产业化链条下的后溯链形态。而在此需要强调的是村集体扶贫能力，以及其在未来扶贫工作和乡村发展衔接过程中的重要作用。其中，坚持“输血和造血”相结合的思路是提高村集体自我发展能力的有力基础。例如，很多地区在发展社区工厂或产业过程中，遵循的是“村集体 + 扶贫车间 + 贫困户”的运行模式，在集体经济不断发展壮大的前提下，实现了贫困户和整体社区发展的双赢模式。以内蒙古科左中旗为例，在地方党委和政府的带领下，其充分发挥产业扶贫治本作用，逐步将产业链条延伸到乡村，创新探索实施扶贫产业园、扶贫车间及扶贫田园综合体建设，打造了一批具有明显民族区域文化特色的典型，协代苏木西毛都嘎查“嘎嘎布贝扶贫车间”就是其中代表之一，其建设的车间保证常年安排贫困户妇女就业 10 人以上。投入的扶贫资金全部用于缝纫车间、木制工艺品加工车间、原材料及产品仓储车间、展示间和办公室等基础设施建设上，产权归村集体，扶贫车间只有使用权。贫困人口年均收益可达 1—2 万元，除去各类成本，扶贫车间年收益 10 万元以上，实现了贫困户脱贫增收、企业提升规模、嘎查村壮大集体经济的三方共赢、三方受益的局面。

七、典型案例

陕西宁陕“社区工厂”

对基层致贫原因进行分析，首先可以肯定的是因病致贫占了很大比例，但是国家已经在不断完善医保等相关措施，解决因病致贫效果显著；其次，没有集体经济收入也是重要的一点，并且是最关键的一点。所以对此，就要在基层产业项目上多做文章，保障基层群众有长期性的经济来源。陕西省宁陕县地处秦岭腹地，是国家扶贫开发重点县。2018 年上半年，宁陕县在脱贫攻坚战中，开始推行“社区工厂”就业扶贫模式，在人口集中的社区，积极引进劳动密集型企业入驻，开办社区工厂，让当地群众在家门口实现脱贫增收。陕西省宁陕县在脱贫攻坚战中推行的“社区工厂”就业扶贫模式，就是其中一个有效举措。从现实情况上看，居住在基层农村的村民为了增加收入，都不约而同地选择了外出务工，然而人员过度流失，尤其是青壮年劳力的“出走”，不仅没有改善村里的经济条件，相反使得村里的建设出现了“人才荒”。长此以往，就会形成恶性循环，使得村级经济发展滞后。而在家门口建厂，既让群众有工可打又留住了农村劳动力，一举两得。

额敏县库鲁斯台民族手工市场卫星工厂

额敏县现已建设卫星工厂 17 个，其中 12 个已投入使用，形成了以额敏县库鲁斯台民族手工市场有限责任公司卫星工厂总部为核心，辐射各乡镇、社区卫星工厂的就业平台，成为让周边农牧民“白天上班赚票子，晚上回家陪孩子，幸福生活一辈子”的重要载体。以额敏县库鲁斯台手工刺绣市场为例，其起初是一个合作社的形式成立的，后来发展到 4 个乡镇场集中起来，共同发展合作社，为了农牧民增收致富，4 年来投入 1000 多万元，购置设备 1000 多台。现在额敏县已经以库鲁斯台中心市场为中心，发展成“卫星工厂”总部加各个乡镇场的合作社加农户的方式，让合作社的社员就近就地就业。再到具体的一些个人案例，三年前，帕尔依达 · 爱得尔汗还是一名家庭主妇，没有什么经济来源。听说有刺绣市场免费提供培训和设备，帕尔依达 · 爱得尔汗就抱着试试的心态来到了这里，三年后，她已经是一名熟练的电脑刺绣设计师。现在，她每个月收入在 3000 元左右。

郴州市产业扶贫典型案例

近年来，郴州市落实“四跟四走”的产业扶贫工作思路，以规划为引领，因地制宜，分类指导，坚持“抓产业发展、抓机制创建、抓市场拓展”三抓举措，不断做大做强传统产业、挖掘培育新业态和提质壮大农产品加工业，产业扶贫工作取得了较好的成效。据统计，2015—2017 年，全市累计投入产业扶贫资金 36.79 亿元，引进、培植产业扶贫项目 1367 个。238 家市级以上龙头企业、1333 家农民专业合作社、1609 户种养大户、556 个家庭农场参与到产业扶贫行动中来。截至 2017 年底，全市建档立卡贫困户 130656 户 405137 人、442 个贫困村，已实现 83721 户 270136 人脱贫，313 个贫困村退出贫困村行列，通过产业发展带动贫困户年人均增收 1500 元，130812 人脱贫。

余江县平定乡洪桥村因地选产业探索共致富

洪桥村位于平定乡最南端，全村共 4 个村小组，259 户，1067 人，其中外出务工经商 300 余人，党员 23 人。全村共有贫困户 38 户，贫困人口 156 人。从 2003 年起至今，中科院南京土壤所、南京农大、农业部南京农业机械化研究所、江西省农科院、国家花生产业体系赣州实验站、国家甘薯产业体系南昌实验站一直在该村进行科研和示范指导。2015 年该村被列为“十三五”省级贫困村，村集体经济薄弱，村民收入低，是一个典型的以农业为主的贫困村。近年来，洪桥村因地制宜在产业扶贫上做文章，洪桥村根据自然资源条件和村民当前的生产状况，结合洪桥村红壤旱地面积大、且相对集中、道路畅通、水资源丰富、适宜机耕作业等特点，利用第三纪红砂岩和第四纪红粘土混合而成的红壤旱地土，大力开发红薯产业。同时探索利益联结机制，农户把名下已确权登记的土地，通过流转入股等方式参与到产业中来。对缺失劳动力的贫困户通过耕地集中方式由合作社代种，代管理，统一销售，并由合作社出资金，贫困户参与分红。有劳动能力的贫困户还可参加合作社劳动赚工资。最后，通过电商扶贫工程，在该村建立了农村 e 邮洪桥电商服务站，通过电商在网上销售，进一步拓宽销售渠道，提升红薯在全国各地的销售价格，同时吸引带动周边地区。截至 2018 年 7 月，洪桥村已达到全村所有贫困户全面脱贫，全村所有农户人均纯收入来自产业扶贫的收入占总收入的 50%，人均年纯收入比邻村高 30% 以上。合作社成员覆盖全村 4 个村小组，入社村民达 180 人，计划把全村 23 户贫困户全部吸纳进入合作社。通过管理体制创新，合作社与村委会合二为一，村委会干部又是合作社领导，合作社每年从纯利润中拿出 30% 用于社员二次分红和本村集体公共事业。这该村成为农业新品种新技术新农具示范应用基地、农产品深加工开发小区、农民产业扶贫脱贫致富的样板村。

第四章　针对性的务工渠道：劳务输出

劳务输出是重要的就业扶贫形式。为深入贯彻打赢脱贫攻坚战的有关要求，《人力资源社会保障部办公厅关于深入推进扶贫劳务协作提升劳务组织化程度的通知》（人社厅发〔2018〕75号）在就业领域，提出了如下四个就业领域的着力点：（1）推动劳务输出输入工作；（2）促进贫困劳动力就业意愿；（3）就业技能与就业岗位精准对接；（4）提升就业扶贫中劳务组织化程度。各地积极推进扶贫劳务协作工作，普遍成立专项工作组，制定工作方案，加大工作力度，东西协作、对口支援地区均签订了劳务协作协议，贫困劳动力有组织输出工作取得积极进展。

一、相关政策

（一）国家部委政策

1.《关于切实做好就业扶贫工作的指导意见》提出加强劳务协作的建议

人力资源和社会保障部、财政部、国务院扶贫开发领导小组办公室在总结试点经验的基础上，于2016年12月2日联合印发《关于切实做好就业扶贫工作的指导意见》（下称《意见》），在总结试点经验的基础上，提出意见。《意见》指出，就业扶贫的目标任务是围绕实现精准对接、促进稳定就业的目标，带动促进1000万贫困人口脱贫。《意见》指出加强劳务协作的措施：各地要依托东西部对口协作机制和对口支援工作机制，开展省际劳务协作，同时要积极推动省内经济发达地区和贫困县开展劳务协作。贫困县要摸清本地贫困劳动力就业需求，并主动提供支援地，积极承接支援地提供的援助服务。支援地要广泛收集岗位信息，努力促进贫困劳动力与用人单位精准对接，提高劳务输出组织化程度；帮助贫困县健全公共就业服务体系，完善公共就业服务制度，提升就业服务能力；充分利用现代化手段开展远程招聘，降低异地招聘成本，提高招聘效率；支持贫困地区办好技工学校、职业培训机构和公共实训基地，重点围绕区域主导产业加强专业、师资、设备建设，提高技工教育和职业培训能力；加强对在支援地就业贫困劳动力的权益维护，提升其就业稳定性。各地要在企业自愿申报的基础上，遴选一批管理规范、社会责任感较强、岗位适合的企业作为贫困劳动力就业基地，定向招收贫困劳动力。鼓励人力资源服务机构、农村劳务经纪人等市场主体开展有组织劳务输出，按规定给予就业创业服务补贴，鼓励地方对跨省务工的农村贫困人口给予交通补助。

2.《关于深入推进扶贫劳务协作提升劳务组织化程度的通知》提出具体举措

人力资源和社会保障部办公厅于2018年7月25日印发《关于深入推进扶贫劳务协作提升劳务组织化程度的通知》(下称《通知》)，为推动劳务输出输入工作提出了具体举措。《通知》分别明确了劳动输出地和劳动输入地的责任。在劳动输出地，一要全面摸清底数。输出地要深入摸底调查，对有劳动能力和转移就业意愿的人员建立实名台账，形成“就业需求清单”。二要加大培训力度。输出地对贫困劳动力每年至少提供一次职业技能培训。对从未外出就业的，要激发他们外出就业的动力。对有转移就业意愿的，要提供职业技能培训，有条件可以安排实习，帮助适应城市生活。三要突出岗位推荐。输出地要加强与输入地精准对接，利用传统和新兴渠道，根据输入地“岗位供给清单”进行精准匹配，共同办好各种招聘活动，组织贫困劳动力积极参加。四要开展有组织输出。输出地要安排专人带队将贫困劳动力送到输入地。输出地可建立劳务工作站，有条件的地方可鼓励人力资源服务机构等市场主体参与劳务输出工作。五要增强品牌引领。输出地要宣传、推介一批有规模的劳务品，借助品牌效应带动有组织劳务输出，可借鉴其他地区的经验做法，带动更多人实现转移就业。

《通知》指出劳动输入地的责任有：一要广泛收集岗位。输入地要联合工商联、企业联合会等社团组织，多渠道收集岗位，形成“岗位供给清单”。二要组织多形式招聘。输入地要在输出地定期组织招聘活动，尤其在春节前后、夏秋季节等用工旺季，要充分利用互联网技术，建立网络招聘常态机制。三要做好有组织输入。输入地要督促用工企业依法签订劳动合同，办理社会保险参保手续，切实维护他们的合法权益。四要开展特色协作。经济发达地区要积极引导企业到贫困地区投资办厂，建设扶贫车间等就业载体，多渠道吸纳贫困劳动力就业。要鼓励技工院校等培训机构，通过协作招生等方式，做好技能对接。

《通知》还指出，要深化扶贫劳务协作机制。输出地、输入地要建立健全劳务协作长效机制，制定专项工作计划，签订劳务协作协议，完善劳务输出协调机制，明确输出输入责任。特别是东西部扶贫协作和对口支援省份要进一步采取切实有效举措，提升劳务协作成效。已签订劳务协作协议的，帮扶双方要落实协议内容，根据情况及时调整补充协议内容，增强劳务协作针对性和有效性。尚未签订协议的，帮扶双方要抓紧对接，尽快签订协议，细化实化具体措施。同时，输出地要加强省内协作，建立经济发展较好地市与贫困县区对口帮扶机制，加强精准对接和有序输出，为贫困地区有计划培训、稳定输出转移一批劳动力。《通知》要求各地要高度重视，制定劳务协作三年实施方案。要建立督促检查机制，定期调度工作进展。要注重与扶志、扶智相结合，大力宣传就业政策措施、输入地企业生产经营情况、脱贫事例和劳务协作之星等，鼓励贫困劳动力转移就业。

3.《关于打赢脱贫攻坚三年行动的指导意见》全力推进劳务输出

国务院于 2018 年 6 月 15 日印发《关于打赢脱贫攻坚战三年行动的指导意见》（下称《意见》）。《意见》提出要加强劳务输出服务工作，在外出劳动力就业较多的城市建立服务机构。东部地区要组织企业到西部地区建设产业园区，吸纳贫困人口稳定就业。西部地区要组织贫困人口到东部地区就业。实施家政和护工服务劳务对接扶贫行动，打造贫困地区家政和护工服务品牌，完善家政和护工就业保障机制。实施技能脱贫专项行动，统筹整合各类培训资源，组织贫困家庭劳动力参加劳动预备制培训，落实补贴政策。推进职业教育东西协作行动，实现东西部职业院校结对帮扶全覆盖，支持东部地区职业院校招收西部地区贫困家庭学生，帮助其在东部就业。

（二）各省市政策

劳务输出能有效促进富裕劳动力的流动，是解决劳动力就业问题、提高劳动者素质及转变思想观念的重要措施，是加快经济发展、提高人民生活水平、全面建设小康社会的有效途径，各省市出台了促进劳务输出的政策，发挥其脱贫作用。

1. 发放求职补贴的政策

山西省人社厅于2018年12月29日印发《关于进一步加大就业扶贫政策支持力度，着力提高劳务组织化程度的通知》(下称《通知》),《通知》规定，在支持劳务输出方面，支持农村贫困劳动力异地转移就业，对农村贫困劳动力当年跨省务工的，对劳动者从输出地到输入地单程交通费给予一次性交通补贴，按照票价实报实销，最高不超过800元。对贫困劳动力通过有组织劳务输出到户籍所在县以外的省内用人单位就业的，给予劳动者不超过300元的一次性求职创业补贴（含交通费用）；对跨省务工的，给予不超过800元的一次性求职创业补贴（含交通费用）。对参加全民技能提升工程职业培训的贫困劳动力，在培训期间给予每人每天不超过15元的生活费补贴。

重庆市人力社保局联合市财政局印发《打赢人力资源和社会保障脱贫攻坚战若干政策措施》，从就业扶贫、社保扶贫、技能扶贫、人才人事扶贫4个方面，共出台27项政策。在加强鲁渝劳务协作类，主要是提升劳务输出组织化程度，发放一次性求职创业补贴和以工代训补贴。

2. 加强劳务培训政策

新疆维吾尔自治区印发《新疆维吾尔自治区关于大力发展劳务派遣组织积极推动劳务输出（入）暂行办法》(下称《办法》),《办法》规定，劳务派遣组织要充分利用各类培训机构资源，发挥社会化技能培训的作用，逐步形成与劳务派遣、劳务输出工作紧密联系的社会化培训基地和网络，加强对被派遣人员和劳务输出人员的技能培训，不断提高被派遣人员和劳务输出人员的素质。劳务派遣组织要根据被派遣人员和劳务输出人员多层次、多形式、多样化的就业特点，结合职业教育、技能培训的改革创新，按照产业发展需要，积极采取“订单”“定向”等灵活方式培训被派遣人员和劳务输出人员，并做好熟练工和各类专业技术人才的预测、培训和储备等工作，努力打造有特色、有影响力的技能培训品牌。

内蒙古自治区在服务培训上，探索采用“先派出，后扣缴工资”方式，实现贫困人员出国务工前零缴费，适当降低费用收取标准。给予出国劳务企业一定费用补贴，用于贫困县建档立卡贫困出国务工人员的保险费用和出国适应性培训。加强外派劳务企业与劳务输出大省的工作联系，进一步提高贫困人口出国劳务数量。

3. 组织对口协作的政策

吉林省人社厅印发《关于转发〈吉林省 2018 年至 2019 年扶贫劳务协作实施方案〉的通知》（下称《通知》），明确全省扶贫劳务协作目标任务和工作措施。《通知》指出要强化对口协作，促进精准对接，依托东西部劳务协作机制，组织延边州与宁波市签订就业扶贫劳务合作协议；结合省内结对帮扶机制，组织省内经济发达地区与贫困地区（长春市与白城市、吉林市与白山市）开展劳务合作，提高转移就业组织化程度。

内蒙古自治区商务厅印发《内蒙古自治区对外劳务扶贫工作方案》，深入推进自治区对外劳务扶贫工作发展。主要做法是把自治区对接"一带一路"建设，将"走出去"战略和对外劳务合作有机结合起来，扎实做好自治区对外劳务输出工作，力争到 2020 年能够较大幅度地增加我区贫困地区劳务外派人数，从而提高贫困地区人口收入。

4. 建设劳务品牌的政策

甘肃省印发《甘肃省劳务经济发展三年规划（2008—2010 年）》，实施劳务品牌建设工程。组织开展全省劳务品牌评选创建活动，树立品牌形象，推广创建经验。政策指出，对各级劳务机构等已经注册并具有一定知名度和市场占有率的劳务品牌，要加大品牌形象设计和宣传推广力度，统一制作品牌标识，加大执法监察，提升和维护品牌的市场知名度和信誉度。按照"统一培训标准、统一鉴定发证、统一品牌标识、统一跟踪管理"的要求，在巩固已有品牌的基础上，重点扶持培育已经形成且具有一定市场占有率的优势工种，经过强化特色培训、强化营销宣传，培育和打造一批新的劳务品牌。

内蒙古自治区于 2018 年 8 月 20 日印发《内蒙古自治区京蒙劳务协作三年行动计划（2018 年—2020 年）》（下称《计划》），《计划》指出，一要加大贫困劳动力职业技能培训，依托北京培训资源优势提升贫困地区职业技能培训师资能力，打造扶贫培训品牌，开展建档立卡贫困劳动力职业技能培训。二要增强品牌引领，发挥典型引路作用。各地要积极宣传、推荐一批有特色、有口碑、有规模的劳务品牌，借助品牌效应带动有组织劳务输出，提高劳务输出含金量和附加值。同时，要加强教育引导，大力宣传就业政策措施、输入地企业生产经营情况、脱贫事例和劳务协作之星，引导建档立卡贫困劳动力向身边人身边事学习，激发贫困劳动力转移就业脱贫的内生动力，树立"劳动光荣、脱贫光荣"的观念。

5. 完善就业服务的系列政策

吉林省人社厅于 2018 年 4 月 27 日印发《关于转发〈吉林省 2018 年至 2019 年扶贫劳务协作实施方案〉的通知》(下称《通知》)。《通知》要求夯实工作基础，实行动态管理。组织调查摸底，依托基层公共就业服务平台，核实确认贫困劳动力基本信息；建立“就业需求清单”，由输出地对有劳动能力和转移就业意愿的人员建立实名台账，详细了解他们的技能水平、培训需求、岗位要求、意向输出地等情况，形成“就业需求清单”；确定扶贫劳务协作联系人，组织各地建立专人联系服务制度，指派专人负责贫困劳动力的信息收集，统一发送给对口输入地；及时更新信息，指导基层公共就业服务平台做好输出人员信息的核实工作，及时对全国“农村贫困劳动力就业信息平台”中的相关贫困劳动力就业信息进行更新，实行动态管理；打造“农村半小时就业服务圈”，在贫困地区较大乡镇（或行政村）、工业集中区和用工集散地建立就业服务场所，为贫困劳动力提供政策咨询、岗位信息、职业指导等服务。

云南省文山州印发《关于做好劳务输出工作的实施意见》(下称《意见》)，加快劳务输出产业化进程。《意见》指出要完善工作平台，进一步健全、完善和规范州、县两级劳动力市场，充分发挥乡镇劳动保障所的作用，逐步引导其按市场化运作。在有条件的村委会建立劳务输出联系点。州、县、乡、村四级都要建立劳务输出资源库，对年龄在 18—35 岁的城乡富余劳动力进行登记建档，做到性别清、年龄清、技能清；对已经输出的劳动力要逐级统计上报。积极发挥在外民工的传、帮、带作用，进一步拓宽劳务输出领域。支持鼓励职业介绍机构积极参与，扩展劳务输出信息领域。各有关部门要简化办事程序，减少收费项目，结合工作实际，建章立制，积极为外出务工农民解除后顾之忧，保障农民工权益。

二、优势分析和适用范围

外出务工是改革开放以来农户提高收入的重要途径，甚至是最主要途径。因而有效合理的扶贫领域的劳务输出，也将成为帮助贫困户扩展就业渠道、实现就业增收、实现致富和发展的有效途径，也是输出地、输入地政府落实扶贫责任的重要体现。

劳务输出在短期阶段并非适用于所有群体，理由在于：输入地劳动力受到自身能力限制，如教育程度、文化习俗、语言能力、对输出地的适应程度和熟悉程度、在家庭中的职责、性别等多方面因素，导致短期内一些劳动力无法向其他地区流动。但这种限制能够经过培训、教育、适应性训练、集体带动和政府保护等途径进行消除。从长期来看，人群适应性较高，也是一项利民利贫的有益政策。

以贫困县统计数据为例，贫困县已转移过半农村贫困劳动力就业，但富余贫困劳动力仍占三成。贫困县的农村贫困劳动力共 242.4 万，其中已转移就业 131.6 万，还有 80.7 万富余贫困劳动力尚未就业。已转移就业人数占农村贫困劳动力人数的 54.3%，比非贫困县高 16.9%。富余贫困劳动力人数占农村贫困劳动力人数的 33.3%，比非贫困县高 6.9%。

表 4–1　贫困劳动力转移就业情况

类型	贫困劳动力数量 / 万人	已转移就业数量 / 万人	已转移比例 /%	富余贫困劳动力数量 / 万人	富余比例 /%	其他 / 万人	其他比例 /%
74 个国家级贫困县	242.4	131.6	54.3	80.7	33.3	30.1	12.4
117 个非贫困县	137.6	51.5	37.4	36.7	26.4	49.4	36.2
191 个示范县	380.0	183.1	48.2	117.4	30.9	79.5	20.9

贫困县已转移就业的 131.6 万农村贫困劳动力中，外出务工 77.4 万人，占已转移就业贫困劳动力比例的 58.8%；就地就近就业人数 51.3 万人，占已转移就业贫困劳动力比例的 39.0%；创业人数 2.9 万人，占已转移就业贫困劳动力比例的 2.2%。

表 4–2　已转移就业贫困劳动力情况

类型	已转移就业数量 / 万人	外出务工数量 / 万人	外出务工比例 /%	就地就近数量 / 万人	就地就近比例 /%	创业数量 / 万人	创业比例 /%
74 个国家级贫困县	131.6	77.4	58.8	51.3	39.0	2.9	2.2
117 个非贫困县	51.5	28.0	54.3	21.9	42.7	1.6	3.0
191 个示范县	183.1	105.4	57.6	73.2	40.0	4.5	2.4

外出务工人数占已转移就业贫困劳动力人数的一大半，有组织转移就业

比例不高。贫困县贫困劳动力外出务工人数占贫困劳动力转移就业总人数的58.8%，比非贫困县高4.5%。有组织转移就业22.9万人，组织转移就业比例为17.4%，比非贫困县高2.8%。

表4–3　外出务工和有组织转移情况

类型	有组织转移就业人数 / 万人	组织转移占总转移就业比例 /%
74个国家级贫困县	22.9	17.4
117个非贫困县	7.5	14.6
191个示范县	30.4	16.6

三、政策效果

有组织劳务输出在深度贫困地区仍是最有效最直接的脱贫手段，各示范县不断加强与劳务协作城市的合作力度，充分利用“春风行动”等招聘活动，创新工作形式，组织贫困劳动力转移就业脱贫。例如，黑龙江省佳木斯市桦南县加强与劳务协作“示范基地企业”合作，结合开展“春风行动”“秋季用工招聘会”活动，积极组织贫困劳动力在冬天农闲时节外出务工。湖南省岳阳市平江县充分利用省内劳务协作资源，与长沙市建立区域劳务协作关系，组织招聘对接活动，输送贫困劳动力就业脱贫。江西省吉安市遂川县策应全国家政服务劳务对接扶贫行动，积极同上海市、赣州市和吉州区等地开展家庭服务业劳务对接，帮助农村贫困劳动力从事家政服务脱贫。陕西省汉中市勉县深化苏陕劳务协作工作机制，聚焦协作城市用工需求，建立求职需求和岗位供给清单，有针对性地开发适合贫困劳动力的就业岗位。甘肃省临夏州永靖县对赴厦门市翔安区务工贫困人员的交通费用全额补助，并对工作满一定时限的给予3000、6000、12000元等不同层次的生活补助。青海省海东市化隆回族自治县发挥“拉面经济”品牌效应，对从业人员进行“中式烹饪+创业”培训，举办化隆拉面经营管理人才培训班，并举办化隆拉面高峰论坛会议，向省外推介劳务品牌，提升组织化转移就业成效。湖南省怀化市中方县加大资金投入，建立和完善对建档立卡贫困人口、企业及具有合法资质的人力资源服务机构和农村劳务经纪人就业扶贫帮扶制度。重庆市开县利用劳务机构与劳务经纪人合作，进村入户，将用工信息送到千家万户，让有就业意愿的劳动力实现应转尽转；鼓励在外经商办企业的成功人士，利用自己的影响力，带动亲朋好友和村民外出务工创业。归纳总结来看：

第一，有效促进贫困户增收。

外出劳动不仅提高了收入，也为地区经济发展带来了非常重要的资金，促进了地方经济繁荣，提高农民工作机会，有效促进贫困户增收。青海海南藏族自治州共和县各联点单位和驻村工作队切实落实对口帮扶责任，帮助贫困村（户）研究制定脱贫计划，积极落实帮扶项目及资金。2017 年引进项目 36 个，落实项目资金 7018.446 万元；举办各类培训班 49 期，培训农牧民 1715 人次；协调联系劳务输出 251 人次，劳务创收达 121.31 万元。西藏强玛镇紧紧围绕“四个老板”（“牧、游、车、房”）的产业发展思路，合作社引领，多渠道增收脱贫，实现全镇建档立卡贫困户 228 户、1010 人全部双重参加到乡镇合作社和村级合作组织，贫困户参合率达 100%。同时，积极开展就业扶贫，增加劳务收入，2017 年劳务输出人数达到 1686 人次，工资性收入突破 4053 万元，平均每人增收 1.1 万余元；全镇 919 名贫困户平均劳务输出收入达到 4413 元，2018 年强玛镇贫困户转移就业 261 人，总收入达到 272.2 万元。

楚雄彝族自治州武定县成立了由县委副书记任指挥长的农村劳动力培训及转移就业精准扶贫工作指挥部。在工作中明确“谁挂钩、谁服务、谁扶贫、谁组织、谁跟踪”的工作方式。突出对象精准，抓平台建设，按照“乡不漏村、村不漏户、户不漏人”的要求，实现贫困劳动力转移就业率达 60% 以上。突出信息共享抓宣传动员保障，充分发挥乡镇、村两委和驻村队员一线组织动员作用，利用乡村公告栏、社交媒体等平台，及时更新和发布用工信息，同时，依托人社系统省内外“人力资源工作站”为外出务工人员维权，定期对转移就业人员进行跟踪回访，解除务工人员的后顾之忧。突出岗位开发，抓精准对接，县人社部门积极加强与省内外劳务工作站、人力资源服务中介机构、用工单位的劳务对接，运用市场化手段实现劳动力供需对接精准到村、到户、到人。2018 年，在新增农村劳动力 33013 人的基础上，全县累计转移就业 106867 人，转移就业率为 69.11%。其中贫困劳动力就业 38922 人，占贫困劳动力的 69.21%，建档立卡贫困户劳动力实现转移就业收入达 5.7 亿元。

第二，促进就业和富余劳动力流动。

劳务输出提高了贫困户寻求就业的机会，使输出地富余劳动力跨区域或跨境流动，成为输入地的重要劳动补充。广西昭平县与广东肇庆市鼎湖区按照东西部扶贫协作对口支援工作要求，实现深度贫困村结对帮扶全覆盖，使“劳务协作、就业帮扶”常态化。双方以就业帮扶为切入点，共同成立了鼎湖区－昭平县劳务输出协作工作站、鼎湖区－昭平县非公经济企业协作工作站，建立劳务信息互动交流机制和非公企业合作机制，完善信息收集、整理、分析、储存、招聘、培训等功能，全年全天候发布全县劳动力供求信息，提高了劳务输出脱贫的组织化程度，为昭平县建档立卡贫困户提供就业推荐和就业服务，最终实现“一人就业、全家脱贫”的目标。目前，鼎湖区已有 17 家民营企业参与到昭平县结对帮扶工作中；两地人社局已成功举办了 4 场就业招聘会，提供就业岗位 1 万多个，达成就业意向 2894 人。湖南省吉首市在原有的劳动力资源信息库基础上，建立贫困劳动力资源信息数据库，与北京、上海、深圳、长沙等地开展劳务输出协作，企业用工信息、贫困劳动力情况实现共享，贫困劳动力就业由“模糊流动”变为“心中有数”，2017 年，吉首市超过 2000 名贫困户实现转移就业脱贫；石门县成立贫困劳动力转移就业指挥部，先后与比亚迪股份有限公司、东莞华荣科技有限公司、江苏无锡小天鹅集团等单位签订了贫困劳动力劳务输出合作协议。

第三，培养大批人力资本。

劳务输出中为打工而进行的培训，打工过程中所学到的技术，所积累的经验都是一种人力资本投资。往返于粤浙川三省之间的打工者构成了另一股“人流”。广东佛山对口凉山扶贫工作组非常重视劳务输出，为让凉山贫困群众在佛山安心工作，佛山提供了为期半年，每月 300 元的稳岗补贴。2014 年以来，广东为甘孜累计培训电子商务、旅游服务、藏汉双语文字翻译等专业技术人才 1842 人，培训干部 1639 人、教师 3345 人、医生 6036 人。同时，甘孜累计选派 277 名骨干教师和 189 名医务人员赴广东进修学习。2018 年初，商务部与联合国开发计划署合作在四川等七个省实施“百城万村”家政扶贫试点国际合作示范项目。经申报和评估，眉山市成功入选项目内家政劳务输出基地，省项目办设在商务厅，面向仁寿、屏山、宣汉、叙永、通江、仪陇、苍溪、广安等全省 8 个“百城万村”家政扶贫试点县（区）的贫困群众，开展免费家政技能培训。2018 年 8 月 8 日，在省项目办的指导下，四川省家政劳务输出基地首期培训班开班暨项目启动仪式在眉山市仁寿县举行，为参加项目人员提供家政技能培训。

四、现存挑战

第一，劳务输出必然要经历一些农村传统因素所带来的困境。

例如，每输出一位保姆，都得消“四怕”（即怕上当受骗、怕影响家庭、怕劳资不保、怕误入传销组织），过“五关”（即自身观念关、丈夫面子关、儿女理解关、村干部思想关、村民舆论关）。

第二，劳务输入和输出数据之间存在不对称性。

据统计，2018年，全国输出地为贫困劳动力推荐针对性岗位721.6万人次，培育劳务品牌1263个，建立驻外工作站1088个，实现贫困劳动力有组织转移177.6万人（包括省内转移和省外输出）；输入地为贫困劳动力推荐针对性岗位327万人次，提供劳务对接5802次，共吸纳111万贫困劳动力在本地就业。上述数据间的不对称性显示出劳务输出的难度依旧巨大。

第三，一些深度贫困地区、少数民族区（如新疆、云南怒江）的贫困户仍然存在由于语言、文化习俗、现代生活差异等因素，不敢到发达地区务工。

例如，一方水土养不活一方人的怒江，劳务输出理应是贫困群众最直接、最有效的脱贫方式，也似乎是最现实的脱贫方式，但在怒江，劳务输出可不是一件容易的事，组织动员难、稳定就业难长期困扰着转移就业脱贫工作。由于长期封闭，全州人民平均受教育年限仅7.6年，40%人不会讲汉语，加之受民族传统观念和宗教习俗影响，不敢外出，不愿外出；即使愿意，也没路费出不来，到了城里的也难以适应现代生活和企业管理，回去后又传播负面情绪、误会甚至谣言，陷入恶性循环。同时，由于财政紧张，当地没有专项工作经费，县以下没有专门机构和人手，劳务中介机构市场化程度低，劳务输出组织化程度低。但在这个过程中，珠海和怒江迎难而上，坚持把劳务协作作为增收脱贫和扶智扶志并举的重点措施，以问题为导向，紧紧围绕“出得来、稳得住、带得动”，积极探索政策激励创新和服务措施创新，两地紧密配合，取得了显著成效：转移珠海就业人员从无到有，逐年上升，目前累计6444人，其中建档立卡户3624人，稳定率也从最初的不到30%上升到目前90%以上；加上鼓励就近就业和转移其他地区就业，珠海帮扶怒江建档立卡贫困户就业累计超过8000人，占全州总任务的15%；630名“两后生”在珠就读职业技工院校。

第四，东西部劳务协作或者一些新兴劳务输出地之间的合作仍受到地方积极性的制约。

例如一些发达地区比较积极，那么劳务合作进程更快，力度更高；一些发达地区积极性不高，则劳务合作开展并不顺利。

五、发展前景

一些地方探索的劳务输出的成功经验显示，通过坚持将“闲人”变为“能人”的科学定位、政府主导的工作机制、科学合理的培训模式、全方位的服务理念，可以成功塑造劳务输出品牌特色，实现农村贫困居民增收致富的效益。

具体来讲，一要积极宣传动员，转变贫困农户落后观念。必须发扬钻山沟、进农家、走村入户宣传动员精神，与贫困户算长远帐、算增收账，逐渐打消他们的顾虑，鼓励大家走出来学习技能，通过自己的辛勤劳动来实现脱贫增收。二要加强技能培训，掌握过硬本领。注重学员素质的综合培养，一方面加强理论知识学习与实践操作的培训，另一方面也要注重“德孝”文化的教育，培育“崇德向善、敬老孝亲”优秀品格，努力提高学员的综合素养。三是找准机遇，打开劳务输出大市场。以山西天镇县为例，2013 年初天镇保姆瞄准北京“保姆荒”的现状和广阔市场，创新性地提出“带着乡亲们到北京过大年”的就业思路，腊月二十四，手拉手，带领护送 19 名妇女驰援北京春节期间的“保姆”市场，开启了大规模“天镇保姆”劳务输出之旅。通过在北京设立劳务输出办公室，主动做好劳务输出对接，形成劳务输出产业链。四是政府支持创平台，品牌输出更顺畅。农户外出务工是重要致富手段，但之前往往是亲戚推荐等形式为主。政府应以精准扶贫为契机，在就业扶贫领域的劳务输出更加有组织，更加规范，形成企业、用户、供给方的有效衔接，通过推荐会、招聘会等更加规范的形式推动劳务供给和需求方面的深度对接。

六、典型案例

陕西天镇县“天镇保姆”

自提出打赢脱贫攻坚战的目标以来，天镇县积极探索扶贫长效机制，狠抓劳务经济，借助人社部对天镇定点扶贫的机遇，以培训农村妇女从事家政服务为切入点，着力打造“天镇保姆”特色劳务品牌。通过积极宣传动员，转变观念；加强技能培训，掌握过硬本领；找准机遇，打开京津大市场，开启了大规模“天镇保姆”劳务输出之旅。通过在北京设立劳务输出办公室，主动做好劳务输出对接，形成劳务输出产业链，成功塑造了自己的品牌特色。“天镇保姆”坚持将“闲人”变为“能人”的科学定位、政府主导的工作机制、科学合理的培训模式、全方位的服务理念。从2011年到2018年底，天镇县累计举办家政服务劳务输出培训班159期，实施培训15347人。“天镇保姆”在劳动力转移就业、探索精准扶贫路径的做法和成效，受到了中央和省市有关领导的充分肯定，并在中央单位定点扶贫工作会议上，作为精准扶贫的典型案例，受到时任国务院副总理汪洋的高度赞扬，也得到了主流媒体的持续报道。2013年，中央电视台《朝闻天下》栏目三集连播“天镇保姆进京记”；2016年1月12日，《新闻联播》对“天镇保姆”做了主题报道；2016年2月3日，央视《新闻1+1》栏目把天镇保姆做为典型事例，进行深入剖析；2017年9月19日，央视喜迎十九大特央视《新闻联播》《焦点访谈》《瞭望》杂志、《山西日报》《北京卫视》《山西卫视》等媒体都予以重点报道。2019年1月12日，以“天镇保姆”为真实素材而创编的话剧——《太阳照在南洋河上》在国家话剧院精彩上演，现场掌声热烈。深动反映了“扶贫先扶志”的精准扶贫理念，再现了贫困劳动妇女“脱困当自强”的脱贫故事。

四川省阆中市劳务输出经典案例

就业是民生之本。对有劳动能力和就业愿望的贫困人口，转移就业是最直接、最有效的脱贫途径。阆中市把劳务输出与脱贫攻坚有机结合，把解决贫困家庭劳动力就业作为精准脱贫的主攻方向，在拓宽就业渠道、加强技能培训、提升保障服务方面进一步加大工作力度，精准扶贫取得实效。截至2017年，全市转移贫困劳务就业1.25万人，实现了贫困家庭中有就业愿望和就业能力的劳动力至少有一人转移就业。阆中市为做好劳务输出工作，施行了五大举措：（1）精准识别、精准服务。（2）精准信息宣传对接建立用工信息收集机制，对外依托本市驻外办事处、劳务协作单位广泛收集用工信息，对内建立企业空岗报告制度，准确收集用工信息。结合每年开展的“就业援助月”“春风行动”“民营企业招聘周”等专项活动进行就业扶贫公共就业服务和劳务对接，为贫困劳动力搭建用工对接平台。（3）精准劳务协作对接，在巩固与广东、深圳、上海、福建、新疆、北京、成都、重庆等传统劳务输出基地的基础上，进一步深化东西部劳务协作，与精准扶贫对口支援的浙江省天台县建立劳务协作，建立和完善输出地与输入地劳务对接机制。（4）促进就地就近就业。（5）开展就业技能培训。

云南省牟定县劳务输出经典案例

云南省牟定县把劳务输出作为巩固脱贫成效的一项重要举措，大力推行“3 + 4”就业扶贫模式，加大就业技能培训，拓宽就业平台，提升服务管理水平，做活劳务输出“大文章”，走出了一条扶志、扶智、扶技相融合的新路子。仅 2019 年头两个月，全县就业人数就比 2018 年同期增加 1000 人有余，农村劳动力实现就业 7.2 万人，占全县农村劳动力总量的 68%。牟定县推行的“3+4”就业扶贫模式中的“3”，是组建县乡村三级精准就业扶贫管理服务中心，实现有机构管事、有人员办事；“4”则是在乡镇成立“一党校三中心”，归口乡镇精准就业扶贫管理服务中心管理，整合部门培训资源，开展农村党员、建档立卡贫困户、非贫困户农村劳动力培训教育，着力提高农村劳动力的能力素质，为劳务输出打牢基础。围绕“就业一人，致富一家”的目标，全县坚持“政府主导、市场运作”，与中铁六局和上海、昆明、浙江、广东等地多家用工企业建立劳务输出协作协议，动员农村富余劳动力眼光向外，赴外“淘金”学技能、转观念、谋致富。同时，加强与外出创业成功人士的沟通联系，引导他们回乡创业，带动当地农民就业，逐步形成一条“政府引、能人带、公司帮”的农村劳动力培训就业新路子，促进贫困户就近务工、脱贫致富。为进一步巩固和扩大就业成果，牟定县各级就业管理服务中心还对辖区内劳动力建立完整的信息台账，对劳动力培训就业等分门别类建立清单，做到一目了然，有针对性地做好管理服务工作。在外出务工人员相对集中的地方，建立农民工协会，实行自我服务管理，并及时向管理服务中心反馈务工情况，形成互帮互助、定期沟通的良性反馈机制；对分散务工的人员，则定期与业主和本人沟通了解情况，适时掌握工作动态，并坚持每半年对用工企业进行一次回访，了解外出务工人员工作生活情况，切实为他们和用工企业排忧解难。

第五章　对弱劳动力的有利扶持：公益岗位

公益岗位扶贫类似于“以工代赈”，带有生产扶贫的性质，能够有效增强贫困人口依靠自身努力脱贫致富的能力与信心。为建档立卡贫困劳动力提供公益岗位，通过设置劳动保障信息员、转移就业服务员、保洁员等公益岗位，变“输血式”扶贫为“造血式”扶贫，为贫困户提供“政策福利”，让其摇身变成“工薪族”，实现扶贫扶志的目标。

一、相关政策

（一）国家部委政策

1.《中共中央、国务院关于打赢脱贫攻坚战三年行动的指导意见》全面推进公益岗位就业扶贫

中共中央、国务院于2018年6月15日颁发《中共中央、国务院关于打赢脱贫攻坚战三年行动的指导意见》（下称《意见》），作为脱贫攻坚的纲要文件。《意见》为全面推进就业扶贫提出多方面举措，其中关于公益岗位扶贫政策，《意见》鼓励开发多种形式的公益岗位，通过以工代赈、以奖代补、劳务补助等方式，动员更多贫困群众参与小型基础设施、农村人居环境整治等项目建设，吸纳贫困家庭劳动力参与保洁、治安、护路、管水、扶残助残、养老护理等，增加劳务收入。《意见》还强调了开展残疾人脱贫行动，对16周岁以上有长期照料护理需求的贫困重度残疾人，符合特困人员救助供养条件的纳入特困人员救助供养；不符合救助供养条件的，鼓励地方通过政府补贴、购买服务、设立公益岗位、集中托养等多种方式，为贫困重度残疾人提供集中照料或日间照料、邻里照护服务。

2.《全国“十三五”以工代赈工作方案》为公益岗位扶贫提供指导

为进一步做好“十三五”时期以工代赈工作，国家发展和改革委员会于

2016年12月2号印发《全国“十三五”以工代赈工作方案》(下称《方案》)。公益岗位扶贫是一种类似于以工代赈的制度安排，该方案也是公益岗位扶贫就业政策的指导依据。《方案》指出，党中央、国务院高度重视扶贫开发工作。中央扶贫开发工作会议对打赢“十三五”时期脱贫攻坚战作出全面部署，要求进一步加大贫困地区以工代赈投入力度，以促进贫困地区发展和建档立卡贫困人口脱贫为目标，以贫困乡村中小型基础设施建设为重点，进一步加大投入力度、创新建设内容。充分调动当地建档立卡贫困人口的积极性，严格落实劳务报酬，在改善贫困地区发展环境的同时，促进建档立卡贫困人口稳定脱贫。《方案》提出四个指导原则。一是政府主导、群众参与。发挥政府主导作用，充分调动贫困地区干部群众积极性和创造性。二是突出重点、精准施策。坚持问题导向和目标导向，瞄准建档立卡贫困村和贫困人口，重点支持集中连片特困地区、革命老区、民族地区和边疆地区以工代赈项目建设。因地施策，着力弥补贫困地区基础设施突出“短板”。三是示范引领、改革创新。根据扶贫开发重点任务，继续组织实施一批辐射作用大、扶贫效果明显的示范工程。不断拓展和创新以工代赈的建设内容、管理机制和贫困人口受益方式。四是加强协作、形成合力。加强以工代赈项目安排与脱贫攻坚规划、涉农专项规划和县级统筹整合涉农资金方案的衔接协调，充分发挥各渠道资金合力。

《方案》指出工作重点，一是基本农田建设。有序开发贫困地区耕地后备资源，提高项目区农业抗御自然灾害的能力和水平。二是农田水利建设。支持建设一批与农业生产密切相关的中小型水利工程，因地制宜开展灌区节水改造。三是乡村道路建设。组织开展村组道路、乡村旅游路、扶贫产业路，加强乡村道路安全防护。四是小流域治理。与培育流域特色产业相结合，开展农村山水田林路建设和小流域综合治理。五是片区综合开发。以贫困面广、贫困程度深的乡镇或多个相邻贫困村为单元，采取集中投入、多项目组合建设的方式，开展片区综合开发。六是草场建设。以牧区、半农半牧区和南方草山草坡地区贫困县为重点开展草场建设，有序推进沙化、退化、盐碱化草场“三化”治理等措施。七是村容村貌整治。支持贫困地区农村垃圾、污水处理设施建设，改善贫困地区农村人居环境，提高贫困群众生活质量。

3.《国务院办公厅关于健全生态保护补偿机制的意见》提出开发生态公益岗位举措

国务院办公室于2016年5月13日发布《国务院办公室关于健全生态保

护补偿机制的意见》（下称《意见》），将生态保护和脱贫攻坚相结合。生态公益岗位开发是生态扶贫建设的重大决策措施，在保障社会稳定、生态环境保护、脱贫攻坚中起着积极作用。《意见》指出，要秉承统筹兼顾、转型发展的原则，将生态保护补偿与实施主体功能区规划、西部大开发战略和集中连片特困地区脱贫攻坚等有机结合，逐步提高重点生态功能区等区域基本公共服务水平，促进其转型绿色发展。到2020年，实现森林、草原、湿地、荒漠、海洋、水流、耕地等重点领域和禁止开发区域、重点生态功能区等重要区域生态保护补偿全覆盖。在森林领域，健全国家和地方公益林补偿标准动态调整机制。完善以政府购买服务为主的公益林管护机制。合理安排停止天然林商业性采伐补助奖励资金；在草原领域，扩大退牧还草工程实施范围，适时研究提高补助标准，逐步加大对人工饲草地和牲畜棚圈建设的支持力度。实施新一轮草原生态保护补助奖励政策，根据牧区发展和中央财力状况，合理提高禁牧补助和草畜平衡奖励标准。充实草原管护公益岗位；在荒漠领域，开展沙化土地封禁保护试点，将生态保护补偿作为试点重要内容。加强沙区资源和生态系统保护，完善以政府购买服务为主的管护机制。研究制定鼓励社会力量参与防沙治沙的政策措施，切实保障相关权益等等。

（二）各省市政策

深度贫困地区脱贫攻坚是我国打好打赢脱贫攻坚战的难中之难、重中之重。要实现脱贫攻坚的战略目标，深度贫困地区必须要突出重点、补齐短板，选择既有利于精准脱贫，又有利于未来可持续发展的合适方式和举措。而为建档立卡扶贫对象提供公益岗位，可以作为深度贫困地区脱贫攻坚的重要政策工具。各省市在实施脱贫实践中，对公益岗位的重视程度逐步提高，积极出台相应政策，激发人民脱贫内生动力。

1. 乡村公益性岗位政策

乡村公益性岗位是指由县（市、区）政府统筹组织、乡镇政府具体开发，以实现公共利益和安置建档立卡贫困家庭劳动力为主要目的，为社会提供基本公共服务的非营利性社会服务岗位。包括乡村人力资源社会保障协理、乡村环境卫生清扫、社会治安协管、乡村道路简易维护、村务协理、孤寡老人和留守儿童看护等岗位类别。各省市对乡村性公益岗位政策十分重视。

广西壮族自治区人力资源和社会保障厅、财政厅扶贫开发办公室于2017

年12月21日联合印发《开发乡村公益性岗位助力脱贫攻坚指导意见》(下称《指导意见》)，重点提出帮扶建档立卡贫困家庭劳动力，特别是无法实现转移就业、无业可扶、无力脱贫的建档立卡贫困家庭劳动力就近就地就业，尽量在本村或附近地区安置就业。因此，《指导意见》建议，与岗位人员签订服务协议而非劳动合同，也支持有条件的地区与岗位人员签订劳动合同，依法发放工资待遇并缴纳社会保险费。用工期限一般不低于1年，最长时间不超过3年。村公益性岗位招用条件、程序和办法主动接受社会和群众监督，充分体现“公开、公平、公正”原则，各地要对岗位人员在岗情况和补贴申领情况进行监督检查。

甘肃省政府办公室于2018年7月25日印发《脱贫攻坚就业扶贫三年行动计划》。该计划提出，未来三年，甘肃省将在深度贫困地区开发7万个乡村公益性岗位。甘肃在全省14个市州、86个县市区的15900多个行政村已经全部设置了村级公益性岗位，包括卫生保洁员、道路养护员、巡河护水员、养老服务员、治安及设施管护员等。岗位通过申请、审核、考察、评定、公示等环节，优先考虑建档立卡贫困户和失地农民、农村零转移就业家庭中有劳动能力的人员，合法合规确定岗位报酬。到2020年，甘肃省设定目标，在全省深度贫困地区开发7万个乡村公益性岗位，同时开展精准扶贫劳动力培训90万人。通过乡村公益性岗位、劳务输转等就业扶贫方式，支撑和带动全省60万以上贫困人口脱贫。

2. 光伏公益岗位扶贫政策

四川省发布《四川省村级光伏扶贫电站收益分配管理实施办法》(下称《办法》)，于2018年9月正式实施，意在加强村级光伏扶贫电站收益分配使用管理，建立利益联结和带贫减贫长效机制，让光伏发电真正造福贫困村和贫困群众。《办法》中的一大亮点，是明确了村级光伏扶贫电站与贫困群众的利益联结方式。《办法》要求，村级光伏扶贫电站的发电收益形成村集体经济，鼓励光伏扶贫对象通过力所能及的劳动获得劳务收入。具体收益分配包括4种，第一种是设置道路维护员、保洁员、安全巡护员、护林防火员、照料护理员等公益岗位；第二种是开展村内道路维修、环境卫生整治等小型公益事业；第三种是对于无劳动能力的建档立卡贫困人口，为其设定补助金额，每年实行动态管理；若还有结余，则通过一事一议等方式确定支出。

河北省扶贫办印发《河北省光伏扶贫收益分配实施办法》(下称《办

法》)，明确光伏扶贫项目收益主要用于开展公益岗位扶贫、小型公益事业扶贫、奖励补助扶贫等，鼓励贫困户通过力所能及的劳动获得劳务收入，鼓励实行差异化分配，防止“简单发钱养懒汉”和“先发钱后劳动”。根据《办法》，企业按照全部规模扶贫模式建设的集中式光伏扶贫电站，产权归投资企业所有，按照户均不超过30千瓦标准，根据帮扶贫困户数量确定建设规模，保障每户通过光伏扶贫项目每年增加收入不少于3000元，持续获益20年。光伏扶贫项目收益主要有三个方面用途：设置公益岗位，通过以工代赈、以奖代补、劳务补助等方式，动员更多贫困群众参与小型基础设施、农村人居环境整治等项目建设，吸纳贫困家庭劳动力参与保洁、治安、护路等，增加劳务收入；发展小型公益事业，发展村级公益事业，建设教育、水利、环卫、体育设施等，改善群众生产生活条件；奖励补助，鼓励贫困村设立奖励补助基金，通过奖励先进典型等方式，提升贫困群众脱贫积极性，增强内生动力；对无劳动能力或弱劳动能力的贫困户，设立最低门槛，鼓励群众通过打扫自家庭院卫生等力所能及的劳动，获得光伏扶贫项目收益，保障基本生活需求。

3. 公益岗位互助扶贫政策

山东省人社厅、省扶贫办于2018年6月联合印发《关于大力推行公益岗位互助扶贫模式的通知》(下称《通知》)，旨在妥善解决好老弱病残贫困人口的脱贫问题，激发贫困人口劳动脱贫的主动性和能动性。山东省将在全省范围内大力推行公益岗位互助扶贫模式。公益岗位互助扶贫，即面向农村家庭服务业发展需求和贫困人口救济解困需要，积极开发互助式农村公益扶贫岗位，用于安置有就业意愿和劳动能力的年龄偏大人群、留守妇女等转移就业能力相对弱的建档立卡适龄贫困人口。根据《通知》，公益岗位互助扶贫有四种模式内容：互助养老公益扶贫岗位，开发设置互助养老公益扶贫岗位，聘请有劳动能力的贫困人口特别是年龄偏大人群、留守妇女，与“老困孤”贫困人口结对帮扶，为他们送服务、送关爱；互助托幼公益扶贫岗位，开发设置互助托幼公益扶贫岗位，聘请有劳动能力的贫困人口特别是年龄偏大人群、留守妇女，对贫困家庭留守儿童进行上下学接送和看护；互助照料病患公益扶贫岗位，开发设置互助照料病患公益扶贫岗位，聘请有劳动能力的贫困人口对贫困病患人员进行照料；互助助残公益扶贫岗位，开发设置互助助残公益扶贫岗位，对残疾贫困人口进行协助服务。

安徽省萧县不断创新就业帮扶模式，积极开发扶贫互助岗位，搭建贫困群众互助互帮桥梁。该县针对有劳动愿望但就业能力较弱的贫困人员，专门设立互助养老、互助托幼、互助助残等“扶贫互助岗”公益岗位，为本村老弱病残幼等孤寡独居、生活难以自理的特困群体提供日常照料、就医护理、助残服务、代办事项、情感疏导等有偿服务，每名互助岗人员可服务 3 至 7 户帮扶对象，每月享受 400 元至 600 元岗位补贴。同时，该县为互助岗贫困劳动者开展家政服务、养老护理等菜单式培训，既让部分贫困人员实现“就业一人、脱贫一户”，又有效解决了特困人口的脱贫解困难题。

4. 生态脱贫政策

生态护林员公益性岗位开发是生态扶贫建设的重大决策措施，是针对林区就业困难、没有稳定收入的贫困人口实施的就业措施，促进了林区人力资源的开发和利用，保护了当地的森林资源，在保障社会稳定、生态环境保护、脱贫攻坚中起着积极作用。

陕西省林业局积极履行生态脱贫牵头职责，打出了“选聘生态护林员、实施退耕还林、兑现生态补偿、实施国土绿化、发展生态产业、实施林业培训、开发公益岗位、驻村结对帮扶”的组合拳。陕西省安排贫困地区林业重点工程建设资金、公益林生态效益补偿资金惠及林区群众，还实施了“五个一批开放”工程，在森林公园、国有林场、花木园、林业管护站、生态文明教育基地等林业基层单位开发公益性岗位、开放经营场所。

四川省阿坝州颁布《阿坝州生态护林员管理指导细则（试行）》《理县生态护林员管理办法》《理县生态护林员公益岗位考核办法》，积极开展生态护林员公益岗位脱贫政策。其指出，要围绕州委“三个覆盖、三个统一、三个长效机制”的要求，以“加强生态建设、深化林区改革、持续改善民生、促进农民增收”为目标，按照“公退民进、退一还五”的原则，把生态扶贫作为脱贫攻坚的突破口，打破行业、地域界限，以“大生态、大保护、全覆盖”为方向，以“生态资源全覆盖、有劳动能力的建档立卡贫困户全覆盖、管护建设职能全覆盖”为目标，以生态公益性管护岗位开发作为国有林区改革的重要举措和生态扶贫促进贫困群众增收的重要渠道；整合各类生态资源管护资金，采取政府购买生态管护劳务的方式，逐步形成以群众为主体的全新生态资源保护新机制，构建“生态管护、生态治理、生态产业”相结合的多方位、可持续的生态扶持政策，把生态文明建设与贫困群众脱贫增收同步谋划、同步推进、同步落实。

二、优势分析

公益岗位扶贫可以在一定程度上矫正某些不合理的发展政策和利益分配格局。一方面，我国部分深度贫困地区位于生态功能保护区。长期以来，生活在这些地区的农民为保护国家的生态环境作出了巨大贡献。但是，现有的生态补偿政策和力度还不能完全补偿受影响区域的农民，而大规模提高生态补偿标准仍存在较大困难。提供公益岗位能够增加受影响农民的收入，弥补生态补偿政策的不足。另一方面，我国部分深度贫困地区位于国家边界附近，居民承担着护边的重要责任，不能随便迁移。但由于自然条件等方面的限制，这些深度贫困地区基础设施建设和公共服务比较落后，发展机会较少。而为居住在边境地区的深度贫困人口提供护边等公益岗位，可以增加其收入，鼓励和支持他们安心地投入护边防边的神圣事业中。

公益岗位扶贫本质上带有生产扶贫的性质，是以扶贫对象的劳动和努力付出为前提的。因此，公益岗位扶贫可以避免因对有劳动能力的扶贫对象直接提供社会保障等转移支付（低保）而形成的受益人对扶贫政策的依赖心理。相反，公益岗位扶贫受益人参加具有公益效果的劳动或服务，通过劳动脱贫，可以让其感觉到自身对社会的作用与贡献，能够逐步增强深度贫困地区人口依靠自身努力脱贫致富的信心，激发内生动力。

三、政策效果

公益岗位扶贫是在救济式保护性扶贫与开发式扶贫之间探索的新扶贫模式，它不仅能对贫困人口的增收起直接作用，也带动贫困人口的社会参与，同时还能为村社（包括非贫困人口）带来更多的公共服务，还可以运用这种模式支持农村集体和合作经济运行与发展。更重要的是，这是一种“劳动换福利”的积极方法，能避免低保等社会救助造成的福利依赖、增加村内的社会公平性。

对于年龄偏大、技能单一、文化水平较低的农村贫困劳动力，各地广开思路，通过开发乡村公益性岗位对其兜底安置，将体现民生关怀与就业脱贫引导相结合。例如，河北省石家庄市行唐县重点开发护林员、荒山治理联防员、河道治理联防员、护路员、环境保护员等六个行业职位，将全县有就业意愿和劳动能力的无法离乡、无业可扶、无力脱贫的贫困人口进行安置就业，通过政府购买服务的形式进行管理。江西省上饶市余干县重点在乡村开发农家书屋图书管理员、农村保洁、保绿等村级公益性扶贫岗位，以及开发城镇城管、环卫、园林等政府公益性岗位，就地就近安置就业。重庆市市辖区万州区率先在全市突破城乡户籍限制，开发贫困村爱心看护、就业社保协管等公益性岗位。陕西省汉中市勉县通过县级部门腾岗位、服务三农设岗位，全力推动公益岗位供需衔接，注重向深度贫困村倾斜，适当放宽招聘条件，积极托底安置无法离乡、无业可扶、无力脱贫的“三无”贫困劳动力就业。

1. 精准帮扶“老弱病残”贫困人口

在当前脱贫攻坚阶段，从贫困人口的构成情况来看，因病、因残致贫的占到了很大比例，这些贫困人口大多由于丧失了一定的劳动能力，是无劳动能力、无资源、无稳定收入来源的“三无”贫困户。公益岗位扶贫政策主要面向这类群体，鼓励支持老弱病残贫困人口或半（弱）劳动力贫困人口就地就近就业，精准帮扶“三无”贫困户。

四川省青龙镇路口村共有贫困户337户1034人，其中无劳动能力、因残因病致贫的占43%。青龙镇通过设立精准扶贫互助岗位，让有劳动意愿和不能外出务工的贫困群众与那些需要照料的贫困残疾人或孤寡老人结对，变送钱、送物为送服务、送关爱，实现“养老不离家、服务送上门；脱贫不离家、岗位送上门”。扶贫互助岗服务对象主要有：贫困户中70岁以上的独居孤寡老人、身体重度残疾、无生活自理能力又缺乏人员照料的，以及无特定监护人的未成年人等。

潍坊市探索推行“村级主导、互助服务、群众参与、政府支持”的农村社会互助养老模式，通过贫困户互帮互助、社会力量广泛参与、各级政府引导支持，实现贫困老人老有所养，贫困户稳定脱贫。潍坊市寒亭区以区级设立公益性岗位，区就业办在村内选聘符合条件的建档立卡贫困户作为公益岗位人员；“互助养老理事会”与无劳动能力或者丧失劳动能力的贫困户及其子女共同签订“互助养老协议书”，由接受公益性岗位的贫困户提供照料服务，实现贫困户互助帮扶；制定光伏扶贫电站收益分配方案。明确了贫困村光伏扶贫收益主要用于增加贫困户和村集体收入，光伏发电收益分配主要面向无劳动能力、无资源、无稳定收入来源的“三无”贫困户，通过设置公益岗位等，鼓励支持老弱病残贫困人口或半（弱）劳动力贫困人口就地就近就业，通过力所能及的劳动获得劳务收入。

2. 激发脱贫内生动力

在当前脱贫攻坚阶段，从贫困人口的构成情况来看，老弱病残人口占到了很大比例，这些贫困人口大多由于丧失了一定的劳动能力而在脱贫攻坚过程中失去了相应的主动性。由政府单方面所主导的产业扶贫由于投资规模大、链条长、见效慢、风险大，很难将这部分丧失一定劳动能力的弱势群体吸纳进去。公益岗位扶贫实现了扶贫模式的创新，有效避免了长期依托低保、五保、社会救助等措施的救助式扶贫所滋生的贫困人口“等、靠、要”的思想，有效培养了贫困人口内源脱贫能力。以贫困群体参与村级公共事务治理的形式来调动贫困群体的能力建设，提升他们的存在感和脱贫的自信心，也将实现村级治理与扶贫开发的有效衔接，这对于扶贫开发的整村推进将发挥极大的作用。

四川省眉山市青龙镇促进贫困群众参与到脱贫攻坚中，达到了“贫困人员就业脱贫与特困群体脱贫”互惠共赢效果，激发其脱贫内生动力，发挥了扶贫扶志的积极作用。青龙镇共申请扶贫互助岗 100 余人次，聘请护理员 85 人，有效帮扶 273 户特殊贫困群体。安徽省金安区在实施脱贫攻坚工作中努力探索，在帮扶贫困户的过程中实现“扶贫”与“扶智”“扶志”相得益彰，让帮扶从以前的“输血”升级为自我“造血”，提供更多劳动致富的机会。金安区桂花村集体经济较为薄弱，贫困人口较多，金安区司法局、金安区红十字会与桂花村结对帮扶。桂花村的帮扶模式一改“送钱送物”的旧把式，创新帮扶方式，帮扶单位与 10 户贫困户签订了辅助性岗位协议，通过“送岗位助脱贫”来调动贫困户的脱贫积极性。同时考虑到对生活相对困难但非贫困户的村民帮扶，设置相应岗位，帮助他们增加收入，减轻经济负担。“造血”帮扶新模式是金安区对就业扶贫和精准脱贫相结合的有益探索。自开展送岗位助脱贫以来，金安区辅助性岗位与美丽乡村建设有机结合，截至 2018 年 11 月，共设置了 3011 个公益性岗位，不仅为贫困户增加了“经济福利”，也为农民提供了“环境福利”，在促进精准脱贫的同时，为乡村振兴增添了更多动力。

3. 生态保护与增收并举

公益岗位扶贫基于深度贫困地区发展的内在需求，旨在解决我国农村发展中存在的一些问题。我国深度贫困地区有广袤的草原、辽阔的林地、大量的冰川水域，是我国重要的生态资源和屏障。但当前我国对草原、森林的防护和管理仍处于粗放状态。与此同时，由于草原、森林管理和利用政策的限制，生活在其中的农牧民处于贫困状态。因此，让部分扶贫对象承担防护员的责任，一方面可以改善森林、草原的管理，提高生态质量；另一方面可以增强农牧民对其生活区域资源的拥有感，同时增加扶贫对象的收入，实现脱贫。

四川已聘请 4.7 万名建档立卡贫困群众担任生态护林员，带动 7 万多贫困人口稳定脱贫。把重点项目投向贫困县，特别是深度贫困县，最终实现生态保护和增收并举，是四川林业扶贫的经验之一。据四川省林业厅统计，2018 年四川向贫困地区安排天保工程公益林建设任务 43 万亩，占全省计划任务的 93.5%，落实中央预算内投资 7500 万元，占全省总量的 96.2%。建设任务重点安排在具备建设条件的贫困村，由“扶持发展脱贫攻坚造林专业合作社”组织实施，确保贫困社员获得劳务费。四川是全国最早启动生态护林员公益岗位试点的省份之一，护林员均从全省各贫困县建档立卡的贫困群众中选聘。通过调剂天保工程国有林管护费，四川已聘请 4.7 万名建档立卡贫困群众担任生态护林员，带动 7 万多贫困人口稳定脱贫。同时，四川还开展集体和个人所有公益林生态效益补偿资金、天然商品林管护补助资金兑现督查，督促建立健全资金快速兑现的工作机制。天保工程实施以来，四川已按时兑现集体和个人所有公益林生态效益补偿，惠及全省 589 万农户、2400 余万人，其中向 88 个贫困县年补偿资金高达 9.44 亿元。

自 2016 年开始，青海省落实生态公益性管护岗位 6557 个，农牧民户年均增收 1.5 万元以上，贫困户护林员当年可实现脱贫。同样的政策，在甘南、甘孜、阿坝、迪庆等藏区地州都有实施，成千上万个像索南曲周一样的贫困户通过草原补奖和生态管护补贴得以脱贫。随着两轮草原补奖政策落地，四省藏区贫困农牧民收入大幅提升。各地针对贫困户设立草原管护员公益岗位 8.89 万个。2017 年农牧民人均纯收入达 9718.4 元，较 2010 年增加 116.2%。生态扶贫的政策性收入，为农牧民增收托底，同时为草原畜牧业转型升级创造条件。几年来，传统粗放的发展模式逐渐被种草养畜、合作社生产经营等生态畜牧业模式所取代，正在向科学规模高效的现代化模式转变。

四、适用人群

公益岗位安置针对年龄在16周岁至60周岁、有劳动能力和就业意愿且存在外出就业困难的未脱贫建档立卡贫困户。促进有劳动能力的贫困户在家门口就业，帮助贫困户自力更生，靠双手脱贫致富。公益性岗位的设置不仅解决了部分贫困户的就业问题，同时也加快了贫困户增收脱贫的步伐。

从更适用的地区和群体上看，深度贫困地区脱贫攻坚是我国打好打赢脱贫攻坚战的难中之难、重中之重。要实现脱贫攻坚的战略目标，深度贫困地区必须突出重点、补齐短板，选择既有利于精准脱贫又有利于未来可持续发展的合适方式和举措。而公益岗位扶贫，就是一种基于深度贫困地区发展的内在需求、为建档立卡扶贫对象提供公益岗位的扶贫方式，可以作为深度贫困地区脱贫攻坚的重要政策工具。

我国深度贫困地区往往有草地、林地、河流湖泊等重要的生态资源。然而，当前我国对草地、森林的防护和管理仍处于粗放状态。与此同时，由于草地、森林管理和利用政策的限制，生活在其中的农牧民常常处于贫困状态。因此，让部分扶贫对象承担防护员的责任，一方面，可以改善森林、草地的管理，提高生态质量；另一方面，可以增强农牧民对其生活区域资源的拥有感，同时增加扶贫对象的收入，实现脱贫。与此类似的是农村道路建设、水利设施管护、村庄卫生维护等，聘请具有劳动能力的扶贫对象担任村庄的护路工、管水员、环卫工等，可以在一定程度上解决贫困问题。

以贫困县为例统计，贫困县公益性岗位基本上都用于安置农村贫困劳动力。贫困县开发公益性岗位85175个，安置84127名贫困劳动力就业，占已转移就业贫困劳动力的6.4%。贫困县公益性岗位吸纳贫困劳动力比例为98.8%，高于非贫困县吸纳比例24个百分点。

表5-1　公益性岗位安置情况

类型	公益岗位数/个	吸纳贫困劳动力就业数/人	吸纳贫困劳动力比例/%	占转移就业比例/%
74个国家级贫困县	85175	84127	98.8	6.4
117个非贫困县	43577	32591	74.8	6.3
191个示范县	128752	116718	90.7	6.4

五、现存挑战

公益性岗位是一种探索性机制，因此地方实行的规范性仍存在问题。针对“人岗不匹配”等问题，规范就业扶贫公益性岗位开发管理也成为人社部就业扶贫工作的重点内容之一。人社部提出，将加强与自然资源、扶贫、林业草原等部门沟通协调，统筹开发公益性岗位，既发挥好公益性岗位托底安置作用，又考虑各地的承受能力，同时注重提升贫困人员劳动积极性。

六、发展前景

第一，公益岗位扶贫可以作为其他扶贫方式的配套和辅助手段。易地搬迁扶贫是深度贫困地区脱贫攻坚同步解决住房安全和基本公共服务问题的一个重要选项。虽然各级政府提供的资金加上整合的资金能够保证搬迁所需的住房和公共服务基本到位，但搬迁对象的生计安排仍是一大挑战。为部分具有劳动能力的搬迁扶贫对象提供公益岗位，是保证搬迁顺利进行的一个重要方式。比如，部分深度贫困地区的教育问题。当前，保障义务教育阶段学生不辍学已经成为深度贫困地区的一大挑战，虽然可以通过改善教学条件以及师资力量等方式优化义务教育环境，但由于部分地区经济条件较差，学生辍学的情况难以从根本上改变，而提供公益岗位可以发挥类似于有条件转移支付政策的作用。将保证适龄子女入学作为获得公益岗位的一个条件，能够增强家长送子女上学的动力。

第二，公益岗位扶贫是一种类似于“以工代赈”的制度安排，其实质是政府集体购买具有公益性质的就业岗位，按一定的标准提供给扶贫对象，一方面解决相关公益领域的发展和管理问题，另一方面增加扶贫对象的就业和收入，促进脱贫。深度贫困地区公益岗位扶贫能否持续有效地发挥脱贫作用，需要着力解决好以下几个问题：首先，要确保公益岗位所解决的问题是当地社会经济发展必须解决的重要问题，而不是为了脱贫临时加设的纯粹的脱贫岗位。这是决定公益岗位扶贫政策能否长期发挥作用的重要前提条件。其次，要保证支付公益岗位工资的资金来源可靠。目前深度贫困地区公益岗位的资金部分来自于相关行业部门（比如林业、环保、交通等）的管护经费，部分来自于地方的扶贫资金或其他资金。公益岗位扶贫需要通过相应的制度安排和政策调整来保证公益岗位资金的来源。比如，可考虑将部分提供给有劳动能力的低保对象的低保资金用于支付公益岗位就业贫困人口的工资等。当然，中央、地方和社区在公益岗位提供中责任的合理划分也需进一步研究。再次，要合理制定公益岗位的工资标准。公益岗位的工资标准是否合理，既关系到公益岗位就业的扶贫对象能否脱贫，也关系到公益岗位是否会扰乱正常的劳动力市场秩序。既然公益岗位扶贫具有类似以工代赈的性质，其工资标准也应参考公共工程项目劳动报酬标准。通常公共工程项目的劳动报酬会低于市场标准的工资，这使得公益岗位能够排除那些可以从市场中找到工作的人群，从而将机会留给由于种种原因难以从市场中找到工作的人群。最后，要加强公益岗位就业人员的培训和管理。虽然公益岗位需要的专业技术不高，但也都具有一定的工作标准、工作程序和工作纪律。这些对于多数扶贫对象来说，是需要通过必要的培训和管理来保证的。相关职能部门和管理单位要加强对公益岗位就业人员的培训，采取容易理解的方式，帮助其尽快熟悉基本的工作标准、程序和纪律。同时，应制定易理解、易操作的考勤办法和奖惩规则，以加强对公益岗位就业人员的管理。

七、典型案例

陕南秦巴山区“购买服务式”综合型扶贫治理案例

位于秦巴山区北麓的柞水、汉阴、略阳三县由于地处秦岭山区，交通封闭，基础设施条件落后，农民生产、生活水平较低，另外，区内山洪、滑坡等自然灾害频发。农民在生产、生活等自然条件方面的限制是导致该地区贫困的主要原因。在陕南三市所辖的28个县区中，有24个县区属于国家级贫困县，贫困县区数量占86%，贫困面积大，贫困程度深。同时，这一区域属于国家限制开发的水源涵养生态功能区，面临着生态保护和扶贫开发的双重任务。从2013年开始，科研单位与国际行动援助组织（NGO）在位于秦巴山区腹地的陕南三个县10个村试行了以公益岗位为样态的“购买服务式”扶贫治理探索，该模式采取了政府、社会组织、学术研究团队三位一体的合作型村级扶贫开发治理模式。作为一种扶贫治理的新模式，公益岗位扶贫主要是采用购买服务的模式推进。这种模式一改以往针对贫困户发展产业以及推行救助的模式，主要是通过为贫困户设定岗位的形式，让贫困户参与村级治理与社区发展，从而给予贫困户补贴的形式来开展扶贫，岗位主要涉及与贫困户自身能力发展以及村庄公共事务管理相关的各项活动。以公益性岗位为代表的“购买服务式”扶贫治理是建立在合作型反贫困理论基础上的“有条件的现金转移”计划。其核心是“以金钱还行动”，即政府和贫困家庭订立“社会契约”，该计划最大的创新之处在于变减贫工作中政府单一责任为政府和受惠家庭的共同责任，将减贫同培养减贫能力联系在一起，同时潜在地培养了社会资本和人力资本。该试点工作由地方根据当地发展需要和村民意见设置公益岗位，通过一定补贴政策动员部分贫困户开展相关社区管理与服务工作，并充分调动当地贫困人口积极参与，以便促进区域内生态文明、社会公平和贫困问题的综合治理。试点工作开展以来，在各方面都取得了良好的效果。就社区层面而言，试点充分调动了当地各相关利益主体的积极参与，照顾到了各方主体的利益关系，得到了贫困户的共同认可。各试点村庄公益岗位的设置和活动开展提高了当地社区管理水平和减贫能力。同时有针对性地帮助当地有劳动能力但不外出务工的贫困户改善了生计状况。就个体层面而言，试点锻炼和提升了当地贫困人口的生产、管理自主性和社会生存能力，同时让贫困人口得到了部分生计发展所需要的现金资本。该试点工作最重要意义不仅在于10个试点贫困村局部目标的实现，更在于其在扶贫开发模式上进行有效的创新。在贫困地区扶贫开发模式方面，试点在救济式扶贫与开发式扶贫之间探寻了一条新的扶贫模式——“购买服务式”扶贫治理模式，对于改善贫困山区村庄社区的生态、社会、文化和农村发展具有重要意义。

不同公益岗位案例：

1. 村庄环境卫生保护岗。秦巴山区略阳县石状沟村贫困户侯某，2010 年外出务工在建筑工地打工时因为意外事故而致使腰部受伤，失去了一定的劳动能力，平时在家只能干些轻活。从 2013 开始，国际行动援助组织（NGO）、中国农业大学与当地政府在共同的合作与协调下在该村设置了“村庄环境卫生保护岗”。侯某被确定为“村庄环境卫生保护岗”岗位责任人，主要负责村里的河道与道路清洁，每周花费 1 天的时间捡拾河道与道路垃圾，每年可获得由国际行动援助组织提供的 1200 元的岗位补贴。虽然岗位补贴不多，但是作为岗位责任人员，让侯某充分感受到了自己的价值。

2. 传统公益传承岗。汉阴县五爱村属于当地一个偏远的贫困村，村内山大沟深，人均耕地不到 1 亩，土地细碎化较为严重，农业收入每户每年不到 3000 元。村里的贫困户欧某家里供有一名大学生和一名高中生，每年仅教育支出就有 2 万元左右，高昂的教育开支是欧某致贫的主要原因。在五爱村，拐枣酿酒技术是村里一大传统工艺，欧某是村里有名的酿酒行家，拐枣酿酒技术是欧某家族祖传的技术。2013 年，国际行动援助组织（NGO）会同当地部门在该村设置“传统工艺传承岗”，欧某被确定为岗位负责人，主要职责是定期向村民传授拐枣酒酿造技术，每年发给欧某 1200 元岗位补贴。岗位设置以来的三年里，不少贫困户从欧某哪里获得了酿酒技术，每年都会有几千元的酿酒收入，不但带动了其他贫困户的脱贫，还传承了传统工艺。

3. 传统蚕桑养殖示范岗。位于汉阴县的王家河村是当地较为典型的贫困村，截至 2015 年全村仍有建档立卡贫困户 200 多户，脱贫任务极其艰巨。62 岁的张大妈属于村里的贫困户，她从年轻时就开始养蚕，每年要养 2 张蚕。近年来随着扶贫移民工程的推进和年轻外出务工人员的增多，王村养蚕的农户大幅度减少，目前养蚕的农户基本属于年龄较大、无法外出打工的人口。凭借 20 多年的养蚕经验，张大妈于 2013 年被村里聘任为“传统蚕桑养殖示范岗”的岗位人员，岗位职责是解答贫困户养蚕过程中存在的问题，每两个月组织各个养蚕户进行一次经验交流，并且协助乡镇农技工作站做好一年一度的蚕桑养殖培训工作。在蚕桑技术方面，中国农业大学为蚕桑技术工作站提供了一些新的技术在多主体的协助下，村里很多不能外出打工、年龄在 60 岁以上老年人开始养蚕。很多养蚕户全年收入达万元以上，带动了村里老年贫困群体的脱贫。

生态公益岗位扶贫——青海省内陆深度贫困的脱贫探索典型案例

青海生态脆弱、环境艰苦，长期的历史地理原因导致青海省产业底子薄，贫困人口深度和广度大，成为我国集中连片贫困区之一。但自 2013 年以来，青海省累计减少贫困人口 90.7 万人，贫困发生率从 2012 年的 24.6% 下降到 2017 年底的 8.1%，下降 16.5%，贫困发生率首次降到个位数。

从“对抗”到“共赢”，人们意识到，唯有在生态保护和脱贫攻坚两个战场同时作战，才能走出“生态恶化、人口贫穷”这样的恶性循环。玛多县位于三江源国家级自然保护区的核心区，这里曾经“风吹草低见牛羊”，因为得天独厚的自然禀赋优势，改革开放之初，得到过诸多发展红利，畜牧业发展迅速，全县牧民人均收入一度在全国名列前茅。然而，20 世纪 90 年代，罔顾生态承载能力的过度放牧很快遭到了大自然的“报复”。全县大部分草地退化，一些草场沙化，湖泊数量锐减，生态跌到谷底。牧民收入不增反降，一些家庭陷入贫困。

2005 年开始，国家启动三江源生态保护建设工程，玛多县全面实施沙化治理、禁牧封育、退牧还草、移民搬迁、工程灭鼠等项目；将全县可利用草场 3378 万亩分为禁牧区和限牧区，对其中 2511 万亩退化草场全部禁牧。从生态治理效果来看，目前已经取得明显成效。三江源地区生态系统恶化趋势得到初步遏制，生态环境状况明显好转，生态安全屏障进一步筑牢。生态涵养了，畜牧业、工业限制发展了，但牧民要生存，脱贫攻坚形势依然严峻。到 2018 年初，玛多县还有贫困户 1733 户 5028 人，贫困发生率达 24%。

玛多县推行生态惠民政策，对牧民实行草原禁牧补助、草畜平衡奖励和草原补奖绩效考核奖励等政策措施；还设置了 3024 个生态公益岗位，每人每月工资 1800 元。政策性兜底收入为脱贫攻坚摘帽奠定了坚实的基础。既要生态美也要百姓富，玛多是青海省追求绿色减贫的缩影。

青海是三江源头，是国家生态安全屏障，经济发展需要与生态保护统筹协调。为此，青海省一方面对产业准入实施负面清单管理，抬高企业的生态门槛；另一方面，因地制宜大力发展绿色产业，如特色种养业、现代服务业、生态文化旅游业、民族特色手工业和新能源等，增强绿色减贫支撑，培育可持续发展的增长点。其中的突出亮点是让贫困户和村集体都有了稳定、可持续收益的光伏扶贫。2018 年，青海争取到国家光伏扶贫项目容量指标 471.6 兆瓦，覆盖 1622 个贫困村，预计每村每年收益 30 万元左右。将收益作为村集体经济收入，通过以工代赈、生产奖补等方式，带动农牧民增收；同时将收益作为滚动资金，进一步发展壮大扶贫产业。在青海济贫光伏新能源有限公司，有几千个光伏板正在“捕捉”阳光发电。据公司总经理王子明介绍，这是青海省目前已建成的规模最大的集中式光伏产业扶贫电站，电站每年可为全省 3333 户建档立卡贫困户分配扶贫资金 3000 元，如果按 3 年滚动轮流分配来算，20 年可累计覆盖贫困户达 23300 多户，分红资金达 2 亿元，既环保又经济还能带动村民致富，一举多得。

第六章 乡村人才的内生培育：返乡创业和能人带动

一、相关政策

（一）国家部委政策

1.《乡村旅游扶贫工程行动方案》探索能人带动就业帮扶途径

国家旅游局、国家发展改革委、国土资源部等 12 个部门制定并于 2016 年 8 月 11 日印发了《乡村旅游扶贫工程行动方案》（本章以下简称《方案》），深入实施乡村旅游扶贫工程，充分发挥乡村旅游在精准扶贫、精准脱贫中的重要作用。《方案》提出了乡村旅游扶贫八大行动，其中两大行动涉及能人带动就业扶贫举措：一是金融支持旅游扶贫专项行动。加快乡村旅游扶贫项目库建设，统筹资源支持国开行、农发行等银行创新金融服务，设计符合旅游扶贫项目特点、与旅游扶贫项目周期相匹配的支持产品。探索建立乡村旅游投融资主体、担保平台、风险准备金制度及信用评级体系，优先在乡村旅游扶贫重点村进行授信，为贫困户提供小额贷款，相关部门给予贷款贴息。积极探索景区带村、能人带户、企业（合作社）+ 农户等扶贫信贷政策，引导金融机构根据带动贫困村、贫困户实现增收的情况，为景区、能人、企业（合作社）提供成本低、期限长的信贷支持。每年金融支持旅游扶贫项目不少于 1000 个，资金不少于 3000 亿元。二是开展扶贫模式创新推广专项行动。探索景区带村、能人带户、企业（合作社）+ 农户等多种类型的旅游扶贫新模式，按照景区扶贫加分政策，鼓励每个 4A、5A 级景区带动周边乡村旅游扶贫重点村不少于 3 个，每个能人带动不少于 5 户建档立卡贫困户，一个合作社带动不少于 20 户建档立卡贫困户，通过招工、订单采购农产品、建设绿色食品基地、成立互助社等方式帮扶脱贫。加快扶贫创新模式推广。到2020年，全国建设旅游扶贫示范景区1000个、企业（合作社）+农户旅游扶贫示范基地1万家，培育旅游扶贫带头人5万个，带动80万户贫困户脱贫。

2.《贫困残疾人脱贫攻坚行动计划（2016—2020年）》提出能人带动残疾人脱贫具体措施

为贯彻落实《中共中央国务院关于打赢脱贫攻坚战的决定》及主要措施分工方案，深入实施《农村残疾人扶贫开发纲要（2011—2020年）》，以精准扶贫精准脱贫基本方略为指导，加大对贫困残疾人脱贫的扶持，中国残联、国务院扶贫办等26个部门和单位共同制定了《贫困残疾人脱贫攻坚行动计划（2016—2020年）》（下称《计划》）。

《计划》指出，要通过全面落实农村低保等社会救助政策和困难残疾人生活补贴、重度残疾人护理补贴等保障制度兜底脱贫一批；通过减少贫困残疾人医疗康复费用刚性支出并改善其身心功能状况缓解一批；通过加快实施易地扶贫搬迁工程和农村危房改造，推动贫困残疾人家庭住房安全解困一批；通过加大职业教育和实用技术培训力度赋能一批；通过产业带动、资产收益折股量化等多种方式帮带一批；通过深入开展基层党组织和党员干部助残扶贫行动结对帮扶一批；通过动员社会各界力量参与贫困残疾人扶贫帮助一批。

《计划》针对性的提出十七项举措，其中有两项为能人带动残疾人脱贫提出了举措：（1）积极扶持残疾人贫困户发展产业。结合贫困地区“一村一品”产业发展实施产业扶持助残扶贫行动，支持残疾人贫困户因地制宜发展种养业和手工业。在实施产业扶贫项目中，要结合残疾人特点，调整完善相关扶持政策，加大对残疾人贫困户的支持力度。通过利益联结机制，支持有意愿、有实力、带动能力强的现代农业产业园、产业扶贫园区、乡村旅游模范户、乡村旅游金牌农家乐、残疾人扶贫基地、能人大户、农民专业合作社和涉农龙头企业等新型经营主体参与产业精准扶贫，帮带残疾人贫困户从事产业项目增收脱贫。（2）广泛动员社会力量参与残疾人脱贫攻坚。积极动员企业、社会组织和爱心人士参与贫困残疾人脱贫攻坚。充分发挥各民主党派、无党派人士在人才智力扶贫上的优势和作用。充分发挥军队和武警部队在参与残疾人脱贫攻坚行动中的优势和作用。通过政府购买服务等方式，积极引导各类社会组织和专业社会工作者参与残疾人脱贫攻坚。鼓励有条件的企业成立公益基金会，设立慈善信托或者以其他方式履行社会责任，参与支持残疾人脱贫。实施“妇女编织”助残扶贫行动。在实施阳光志愿者助残扶贫行动中优先为残疾人贫困户提供服务。充分发挥残疾人专门协会作用，动员残疾人企业家、残疾人致富能人帮助带动残疾人贫困户增收。

（二）各省市政策

党中央制定了扶贫开发的路线图，奏响了扶贫攻坚战的冲锋号，消除贫困、改善民生，逐步实现共同富裕，全面建成小康社会。为此，各省市对实行能人带动的扶贫政策重视程度逐步提高，挖掘人力资源潜力，动员全社会参与脱贫活动。

1. 支持“能人引领”和“精准扶贫”融合的政策

湖南省湘西州印发了《关于鼓励支持企业、能人参与扶贫攻坚的建议》（下称《建议》），针对湘西州的贫困村自然条件差距大，生存环境偏僻恶劣，经济基础薄弱，自我发展能力脆弱等问题。州委、州政府坚持“精准”原则，挖掘资源潜力，动员全社会参与，鼓励、支持企业、能人共同参与扶贫决战。《建议》指出，一是要充分利用商会平台，积极开展招商引资，招引企业、能人进入农村开发产业，鼓励企业参与扶贫开发。引导企业根据自身优势和贫困村资源特点，结成帮扶对子，带着项目、技术、资金、管理人才等，因地制宜搞开发、搞加工，实现产业扶贫。鼓励外出务工农民带资金和技术回村开发产业，搞种植和养殖，不断扩大农民增收渠道。二是党委、政府要为企业、能人回乡创业制定更完善、更科学的优惠政策，不断提升村支两委领导能力，大力选拔一批有抱负、有才华、懂经济、善管理的大学生和具有担当奉献、敢于拼搏的农民工担任村官，带领村民共同脱贫致富。三是要加大农村信息化建设，夯实企业、能人参与扶贫攻坚的基础。充分发挥国家扶贫资金的引领作用，拓宽企业参与扶贫开发的融资渠道，加快贫困村信息网络建设与物流配送体系建设，开展产品网上销售、电商人才培训工作，对贫困村网店制定一套资费补助政策，为企业、能人参与扶贫攻坚夯实基础，助推贫困村经济发展。四是乡镇党委、政府要切实为企业、能人参与扶贫攻坚搞好服务工作。乡镇党委、政府处在扶贫开发的前沿，要切实担当扶贫工作的责任，真正沉下去，为企业、能人深入贫困村创业当好后勤，搞好服务，主动地排忧解难，同企业、能人一道帮助农民增产增收，早日脱贫致富。

甘肃省临洮县印发了《关于进一步深化“能人引领”工程助推精准扶贫

工作的意见》(下称《意见》)，将“能人引领”与“精准扶贫”深度融合，逐步探索形成了协会带动、基地辐射、农超对接、大户联营、村企共建、科技示范等多种能人引领致富新模式。《意见》指出立足能人资源优势，通过现任管理能人“公推留任”、产业致富能人“择优内推”、务工创业能人“引导回归”、强村致富能人“跨村任职”等方式，打破村域、身份、职业界限，充分挖掘在种植、养殖、加工、运输、贩运、建筑等方面能力突出的能人资源，引导其积极参与村级事务，引领农村发展。

2. 能人创业扶贫政策

安徽省政府办公厅于 2017 年 3 月 7 日印发《安徽省脱贫攻坚期产业精准扶贫规划》(下称《规划》)，产业是发展的根基，脱贫的主要依托，为扎实推进全省产业精准扶贫工作，特编制本规划。《规划》指出要发挥能人带动，鼓励返乡能人因地制宜发展产业，吸纳贫困户耕地、劳动力等资源，与贫困户构建利益共同体。印发《规划》推广产业扶贫模式。其中包括“返乡能人 + 土地入股 + 小额贷款”模式。该模式适用于资源相对不足、尚未形成主导产业，但有一批返乡能人的贫困地区。通过优惠政策，吸引能人返乡创业，支持能人根据市场需求自主选择产业，支持能人建设产业基地，贫困户以土地经营权入股，由能人统一经营，贫困户在基地就业，并获得入股分红和务工收入。贫困户所获扶贫贴息小额贷款可入股到生产基地，能人负责到期偿还贷款，并按照约定向贫困户支付资金入股分红。

广东省农业厅、发展改革委、财政厅等联合印发了《关于印发扎实推进产业精准扶贫工作指导意见的通知》(下称《通知》)，进一步建立健全产业精准扶贫精准脱贫机制，就扎实推进产业精准扶贫精准脱贫工作提出如下指导意见。《通知》指出，要加强农业经营主体带动引领作用，要大力发展扶贫合作经营主体，大力培育扶持发展合作社、产业扶贫龙头企业，不断提高扶贫产业发展的组织化程度。推广“公司(合作社)+ 基地 + 贫困户”、代耕代种、土地托管、股份合作等模式。健全县级致富带头人培育体系，辐射带动一批相对贫困户。引导贫困户组建合作社，鼓励返乡下乡创业人员担任村干部，创办领办家庭农场、农民合作社、农业企业和社会化服务组织。原则上，每个贫困村都要建立一个以上产业精准扶贫合作社，有条件的村组建联合社。

3. 能人带动农村技能扶贫政策

河南省印发了《河南省扶贫开发农村实用技术培训指导意见》(下称《意

见》)，以进一步规范扶贫开发农村实用技术培训项目管理，提升培训效果，带动贫困人口增收脱贫。《意见》指出，开展扶贫开发农村实用技术培训的目的是培育和促进特色产业发展，带动贫困人口增收脱贫。培训内容要紧扣培育和促进特色产业发展这一主题，结合脱贫规划和产业扶贫项目，重点选择有利于贫困户增收脱贫的农村实用技术开展培训。要结合不同生产、服务、管理等环节和农时季节的需要，合理确定培训的时间和内容。通过聘请专家或技术人员传授实用技术，破解产业发展中存在的技术、经营和管理难题。培训形式要灵活多样，因地制宜，注重效果。《意见》还指出，要加强管理，贫困村驻村第一书记要积极参与做好培训工作。扶贫开发农村实用技术培训实行免费培训，培训工作结束后，乡（镇）政府要向县（市、区）扶贫开发领导小组上报培训工作总结。县级扶贫开发领导小组要切实加强对扶贫开发农村实用技术培训工作的督导和检查。

山东省于 2018 年 7 月出台《山东省扶贫工作重点村创业致富带头人培育工作实施意见》，着力打造一支善经营、懂技术、敢担当、讲奉献的创业引领人才队伍，助力贫困户脱贫致富。根据部署，创业致富带头人主要从 2000 个省扶贫工作重点村创业人员中选择，包括村“两委”成员、农村党员、农民专业合作社负责人，以及在外创办企业、务工有意愿回村创业的本土人才和企事业单位返乡创业人员等。原则上力争为每个省扶贫工作重点村培养 3—5 名创业致富带头人，具体数量由各地根据实际情况确定。政策支持方面，各地可从整合的涉农资金中安排部分经费用于创业培训实训等，满足创业致富带头人培育需要。鼓励支持创业致富带头人领办、创办、合办农业产业化龙头企业、合作社、家庭农场、种养基地、农业科技园区，在政策、资金、项目、土地等方面给予大力支持。符合条件的创业致富带头人创办企业或家庭农场的，优先推荐参加省级扶贫龙头企业认定、农业产业化省级重点龙头企业认定和省级家庭农场示范农场创建活动。富民生产贷款重点向创业致富带头人倾斜，贷款和贴息与带动贫困人口的数量、期限和效果挂钩。对符合条件的创业致富带头人优先发放“央行资金产业扶贫贷”。

同时，根据当地产业项目发展规划、创业致富带头人需求等，山东还将加大创业培训和指导。采取“励志教育 + 能力提升 + 实践体验 + 指导实施”“产业培育 + 致富带头人培育”等多种模式，组织开展教学活动。各地可建立创业致富带头人导师队伍，指导参训学员制订创业计划书，并采取远程教育、现场巡回指导等方式为创业致富带头人提供全程跟踪服务。为提升实战水平，山东也将充分利用现有的创业孵化基地、产业园区、星创天地等创业载体，在经营场所、管理咨询、创业指导等方面提供“一站式”精细化服务。

二、优势分析

对返乡创业而言，为鼓励乡村发展和贫困劳动力返乡创业和自主创业，人社部、财政部联合印发《关于进一步加大就业扶贫政策支持力度 着力提高劳务组织化程度的通知》（人社部发〔2018〕46号，简称《通知》），出台创新扶持政策，力促16周岁以上、有劳动能力的建档立卡贫困人口多渠道就业，实现增收脱贫。

输血式扶贫解决的是困难群众的燃眉之急。造血式扶贫则可激发可持续性活力。其中，农民工返乡创业和贫困家庭劳动力自主创业，是促进农村发展、农民致富的有效途径。而在脱贫攻坚期内，加大自主创业扶持力度，向贫困地区劳动力提供创业就业机会，变被动帮扶为自主发展，开展免费创业培训，提供创业服务和创业担保贷款，带动贫困劳动力实现就业，将成为有效的造血式扶贫手段。

针对能人带动，习近平总书记强调，要着力培养农村致富带头人，促进乡村本土人才回流，打造一支“不走的扶贫工作队”。这一重要论述指出了培养好乡村能人、发挥好乡村能人带动作用的重要性。当前，在坚决打赢脱贫攻坚战的关键时期，我们不仅需要脚踏实地干实事的“老黄牛精神”，迫切需要带领广大群众走向增收致富之路的“火车头”。在市场经济浪潮中，各地涌现出一批懂经营、善管理的能人，要发动村中经济能人，带头发展特色高效产业，支持这些能人牵头成立合作社，建立种植基地，流转或托管贫困群众土地，优先雇用贫困群众在基地务工；鼓励能人积极引进高效农产品，支持贫困户贷款入股或土地入股，示范带动贫困群众脱贫致富；采用“政府补贴、能人托养（托种）、农户分红”的形式，大力推广家庭农场产业扶贫模式，实现经济能人和贫困户“双赢”。

三、政策效果

能人包括贫困村领导班子成员、党员、农业技术骨干、农村致富骨干等，这些人大多政治素质较高、市场经济意识较强，具有带领群众致富的能力，能将贫困户带动到精准脱贫攻坚行动中来，为脱贫攻坚发挥更大作用。

1. 有利于发挥精准扶贫作用，促进贫困户就业增收

实践证明，把能人参与脱贫攻坚战产生的“能人效应”放大，是打好脱贫攻坚战的一个有效办法。通过能人的带动作用，精准扶贫效果得到了更好地发挥，多地贫困户实现了就业增收。

安徽省滁州市全椒县通过“鼓励能人带动、建立扶贫驿站、强化社区帮扶”等多种举措，创新“居家就业”发展新模式，让贫困户不出镇村就能就业，拓宽了贫困留守人员的脱贫渠道。该县在9个贫困村中选择从事创业和有创业意向的20名致富带头人，免费为他们提供专业培训。全椒县已在10个镇筹建就业扶贫驿站，主要是玩具制作、服装加工等劳动密集型手工加工企业，适合留守妇女、老人、残疾人等群体就业。目前，全县已在9个镇建成9个就业扶贫驿站，共计吸纳171人居家就业，其中包括贫困人员92人。2017年以来，该县共对210人进行创业培训，发放创业担保贷款1680万元，扶持34家农业合作社、家庭农场、种养业大户，带动居家就业407人。

陕西永寿县是国家扶贫开发工作重点县、六盘山集中连片特困地区县。2017年以来，永寿县大力实施党建“领军、强基、聚力、先锋、增效”五大行动，推广“党组织＋企业＋合作社＋贫困户”产业发展模式，实施“槐乡英才”培育计划，积极搭建创业就业平台，鼓励外出务工人员、大学生回乡创业，推动人才“反哺”农村，培养农村“土专家”“田秀才”，把农村能人培养成党员，把能人党员培养成村干部，鼓励能人建立合作社或协会、产业基地等，扩大能人带富效应。2017年以来，永寿县大力实施“能人带动、科技推动、合作社拉动、服务促动、龙头舞动”五轮驱动工程，在每个镇（街道办）扶持建立精准扶贫产业园，在26个村推动农村“三变”改革试点工作，引导贫困群众入园入股入社参与产业发展。同时，采取“党支部＋专业合作社（企业、产业基地）＋农户”等模式，引导农户以资金入股、土地入股等多种形式参与产业经营。截至2018年2月，全县共吸引20个新型经营主体参与改革，带动村集体入股资金1431.34万元，农民入股资金1064万元，撬动

社会资金 3960 万元，1511 户农民入股成为股东。

2. 产业扶贫与能人扶贫逐步融合，乘法效用得以发挥

能人的示范作用对脱贫攻坚能起到立竿见影的作用，是吸引群众加入产业培育的最好方式。近年来，多地将产业扶贫与能人扶贫深度融合，充分挖掘人才对于产业发展的作用，起到了乘法作用。

广西玉林市创新实施“五个一”产业扶贫工程，即“推广一种能人带动模式、搭建一个贫困村创业平台、创建一批创业带头人孵化基地、编好一本产业扶贫‘活教材’《产业扶贫 100 例》、打造一系列创业带头人先进典型”，实现了产业扶贫与社会扶贫的有效结合，逐渐走出一条多方共赢的发展路径。该工程开展以来，建 100 个产业扶贫示范基地、建 100 个产业扶贫师资库、建 100 个产业扶贫培训基地的“三个 100 产业扶贫工程”带动贫困户脱贫致富。

陕西省安康市白河县通过把党组织建在产业链上，让能人聚在产业链上、党员示范在产业链上、贫困户脱贫在产业链上。白河县探索形成了“主导产业 + 党组织”“区域产业 + 党组织”“小型产业 + 党小组”三种模式，成立了“香椿党小组”“毛绒玩具党支部”等党组织。着力解决镇域内茶叶产业管理粗放、经营分散、效益不高等问题，将茶叶企业和贫困户紧密联系在一起。2018 年，镇域内统一管护茶园 7200 亩，贫困户仅靠卖茶叶就可增收 3000 元。茶叶公司还多次组织技能培训、长期雇用贫困户管护，取得了良好效果。

3. 能人扶贫助推旅游扶贫

多地积极探索能人带动的旅游扶贫模式，开发贫困地区丰富的旅游资源，兴办旅游经济实体，助推贫困地区居民和地方财政脱贫致富。

安徽省黄山市积极探索建立“能人＋农户”带动脱贫模式，带动贫困人口脱贫。按照“宜游则游”原则，黄山市从“旅游资源基础条件好、交通区位条件好、开展乡村旅游扶贫积极性高”三个方面，共筛选出适合发展乡村旅游的省级旅游扶贫重点村 16 个，建档立卡贫困户 918 户，涉及贫困人口 2034 人；市级旅游扶贫村 15 个，建档立卡贫困户 841 户，涉及贫困人口 2162 人。黄山四季海生态农业有限公司通过“1+N+1+1”扶贫小额信用贷款方式，吸收 20 户贫困户 41 人入股公司，每户每年获得不低于 3000 元的分红；还以每年每亩 1000 元的价格与 6 户贫困户签订土地流转合同；以不低于 1600 元的月工资与 7 户贫困户签订长期就业协议。2016 年，黄山市整合各类涉农

资金对宜游贫困村乡村旅游基础设施和公共服务设施累计投入 5817.3 万元，通过发展乡村旅游带动 3268 人脱贫，超过省里下达的 3000 人脱贫目标；16 个省级旅游扶贫村有 10 个村实现整村出列，15 个市级旅游扶贫村有 6 个村实现整村出列。

皇都侗文化村位于湖南省通道侗族自治县坪坦乡，为纯侗族聚居地，共 654 户，总人口 2829 人。近年来，皇都侗文化村依托文化生态优势，致力打造侗族风情世界旅游目的地，将脱贫攻坚与旅游开发共同规划，迈出了旅游与扶贫融合发展、创业富民与就业富民共生共赢的产业扶贫新路子。皇都侗文化村村民组建皇都侗文化艺术团，平均每名演员一个月可获得演出收入 2000—3000 元，通过艺术团就可带动 30 户贫困家庭脱贫。此外，该村通过旅游提供公益岗位 50 多个，如保洁、保安等，保洁岗位每月 1500 元左右，保安岗位每月 2000 元左右，促进了就业，增加了收入。2015 年，全村共有 672 名村民通过旅游实现脱贫，人均收入达到 8870 元，较上年增加 1825 元。2016 年 1—6 月，该村共接待游客 48.1 万人次，旅游收入 2.55 亿元，各项旅游经济指标再创新高。

四、适用人群

目前来讲，适用人群主要包括农村种养大户、科技示范户、家庭农场主、复转军人、自主创业大学生、返乡创业农民等。支持自主创业和返乡创业的手段主要包括：鼓励贫困家庭劳动力自主创业、创建农民工返乡创业园、创业担保贷款及其相关金融服务。基于上述内容，其适用人群需要符合的条件如下：其一，对有意愿参加创业培训的扶贫对象，其首先要具有一定程度文化基础。通过培训并取得证书的，每人可给予一定创业补贴。进一步，对自主创业、取得营业执照并正常经营一定时间（如 6 个月以上）的贫困家庭劳动力，给予进一步的创业奖励。其二，有条件的地方政府可以通过创建农民工返乡创业园，依托现有场地或各类园区建设农民工返乡创业园，扶持返乡农民工创业。开展创业型乡镇、村创建活动，鼓励企业在有条件的乡镇、村创建就业实体，对吸纳贫困人口在一定程度以上的就业实体（如 30% 以上），给予物业、房租、水电等费用补贴。在每年组织开展的示范性创业孵化基地和新型孵化平台评比认定中，拿出部分名额，用于扶持贫困县农民工创业园区。其三，贫困户创业担保贷款和相关金融服务改进。对符合条件的贫困家庭劳动力自主创业的，给予一定金额的创业担保贷款；对符合条件的劳动密集型小微企业，给予一定金额的创业担保贷款。对因不可抗拒原因造成贷款损失的，按照有关规定给予核销。对信誉好、创业能力强的贫困劳动力，可以取消反担保。

以贫困县为例，贫困县创业载体逐步建立。贫困县贫困劳动力创业人数占贫困劳动力转移就业总人数的 2.2%，比非贫困县低 0.8%。2018 年，参加创业培训 35045 人，发放创业补贴 5806 万元；申请创业担保贷款 28491 笔，发放 24000 笔。共有农民工返乡创业孵化基地 160 个，农民工返乡创业园区 102 个。

表 6-1　贫困县创业情况

类型	创业培训人数 / 人	创业培训补贴 / 万元	申请担保贷款 / 笔	发放贷款 / 笔	农民工返乡创业孵化基地 / 个	农民工返乡创业园区 / 个
74 个国家级贫困县	35045	5806	28491	24000	160	102
117 个非贫困县	92601	365418	35198	30705	542	192
191 个示范县	127646	371224	63689	54705	702	294

贫困县培训后获证率低于非贫困县。2018 年，贫困县有培训机构 521 家，培训师资 5561 人；培训 37.4 万人，培训后获证率为 24.9%；人均获得培训补贴 694 元；参加培训后有 58.9% 的人实现就业。与非贫困县相比，培训后获证率低了 24.4%，人均培训补贴低了 110.4 元。

表 6-2　贫困县培训情况

类型	培训机构数 / 个	培训师资人数 / 人	技能培训人数 / 人	培训后获证率 /%	人均培训补贴 / 元	培训后实现就业率 /%
74 个国家级贫困县	521	5561	374080	24.9	694	58.9
117 个非贫困县	941	12918	460229	49.3	804.4	59.5
191 个示范县	1462	18479	834309	38.4	755	59.2

能人带动的适应人群：一方面，能人来自于返乡创业者；另一方面，可支持干部能人创建品牌；此外，还发挥帮扶干部帮扶作用，引进产业龙头企

业。第一，对于返乡创业者，他们往往有发展家乡的情怀和意愿，同时熟悉市场规则，并拥有一定的市场资源，因此是具有产业运作能力、愿意踏实做事为家乡作贡献，同时是对市场敏感，熟悉地方产业特色的人群。上述能人的带领更有利于因地制宜的选择适合当地的发展的精准特色产业。第二，对于干部主体，一些干部能人能够带领群众通过订单直销、网络直销等方式拓展市场。通过干部带动，建立组织群众抱团发展、共闯市场的机制，解决群众“单打独斗、抗风险能力差”的问题；通过技术合作，建立群众标准化生产、规范化种植的机制，解决“品质差、竞争力差”的问题；通过销售合作，建立“品牌营销、互利共赢”的机制，解决“农业产业效益低下、销售困难”的问题，让群众特别是贫困群众，有信心、有动力奋发创业，真正实现“输血式”扶贫向“造血式”扶贫的转变。第三，对最后一类群体，驻村帮扶干部多是各单位的精英，有不少人脉广、信息灵的“能人”。要充分发挥他们的作用，围绕当地资源优势，引进龙头企业，在贫困地区建设基地投资办厂，带动贫困户发展产业。通过“公司＋农户”“公司＋合作社＋农户”等多种模式，积极推动贫困户以土地或扶贫资金入股，把资源变资产、把资金变股金，把贫困户变股民，调动贫困户参与规模化产业发展的积极性，提高抗风险能力，创新产业扶贫模式，实现企业赢利与贫困群众增收的双赢局面。

五、现存挑战

其一，地方政府的支持对象问题。农户（包括贫困户）返乡创业和自主创业均对乡村发展具有一定积极效果。但首先存在的问题是现阶段的政策不均衡导致的贫困户和非贫困户政策优惠条件不一致。尽管前述提出了很多对支持贫困户创业的优惠条件，但是对于边缘贫困户和非贫困户的支持非常欠缺且力度不足。因此我们有一个疑惑，如果未来阶段，国家后期不再进行建档立卡贫困户的认定，如果不再以如此之大的力度开展政策帮扶，那么亦返贫人群要如何得到支持？课题组的建议是，要在相对贫困时代将有关支持创业的特惠政策进行普惠化处理，让这项有利于农村发展的好政策长期发展下去。其二，支持创业的金融服务能力差。对此，要进一步加快建立农村林权、土地承包经营权、农村居民住房财产权等的抵押担保机制，开展林地承包（租赁）经营权及林木、畜禽、水产品等活体资产作为有效担保物试点工作。

金融部门要探索建立贫困县农民工诚信台账和信息库，对经营正常、信誉较好的可直接给予信用贷款。

对能人带动而言，要实现能人带动，要注意如下方面的问题。首先，能人带动，能够做到产业的精准定位。在产业选择上，能不能精准定位，选择产业的眼光是根本。在产业选择上，如果没有足够的经验积累，盲目的跟风，就很难将地方优势真正转化为产业优势。能人带动，在产业选择上，能够结合其自身的知识背景以及充足的市场经验，根据当地的地方特色和优势，深入农村实际，因地制宜地选择适合当地发展的精准特色产业。其次，能人带动，要具备足够的产业运作的能力。要发展一个地方产业，真正将地方产业推向市场，产生足够的经济效益，并非一件易事，中间会遇到诸多困难和瓶颈，要想在困境中突出重围，产业运作的能力是必备条件。这就需要有充足市场经验的能人，在产业发展上做好适应市场的顶层规划，在产业发展上做到心中有数，不打无准备之仗。第三，能人带动，典型示范才能带动更多的百姓参与。再完美的理念，最终都要归于实践。现在农村产业发展的诸多案例也表明，对于带动更多的百姓参与，典型示范的作用有显著效果。在农村产业发展过程中，带动更多的百姓脱贫，参与到产业项目中，有一些人先行动起来，是一个好项目必须有的好的起点，而这需要的也正是一批能人率先垂范。

六、发展前景

创业机会的提供是乡村重要发展动力，这是乡村人才内生培训机制的重要层面，具体来讲，第一，返乡创业是带动大众创业的有效途径。通过扶持返乡创业，辐射带动大众创业，有利于形成创新创业氛围浓厚的环境。第二，返乡创业是扩大县内转移就业的有力支撑。通过扶持返乡创业，增加县内就业岗位，选择回乡就业的农民逐年增加，县外转移就业减少，有效支撑乡村发展。三是返乡创业是脱贫攻坚的强大载体。通过扶持返乡创业，有利于带动区域内贫困劳动力稳定就业创业，并逐渐实现贫困家庭劳动力足不出户，或者不出远门而实现家庭的增收。四是返乡创业是乡村振兴的必由之路。返乡创业，不仅为农村农业发展留住了人力人才，有力地推动了农业产业、乡村文化旅游业发展和人居环境改善，是乡村人才振兴、经济振兴、文旅振兴的必由之路。

党的十九大报告提出，要坚决打赢脱贫攻坚战，确保到2020年我国现行标准下农村贫困人口实现脱贫，贫困县全部摘帽，解决区域性整体贫困，做到脱真贫、真脱贫。只有坚决贯彻落实十九大提出的精准扶贫精准脱贫部署，才能确保我们在决胜全面小康的道路上迈出坚实步伐。同时，党的十九大报告还提出，要按照产业兴旺、生态宜居、乡风文明、治理有效、生活富裕的总要求，实施乡村振兴战略。产业是经济发展的重要基础和有力支撑，通过培育和发展特色产业，实现经济社会的跨越发展，这是贫困地区客观、现实、必然的选择。产业扶贫方面亟待转变理念、创新路径。而落后地区选取合适的创业致富带头人，探索形成特色扶贫产业，带动贫困户发展产业脱贫致富，打造“扶强带弱”的产业扶贫新模式。

七、典型案例

临洮县“能人引领”扶贫经典案例

甘肃省临洮县，是最早进行“三西”建设和扶贫开发的县份之一，也是国家扶贫开发工作重点县和六盘山片区连片特困地区之一。2008年，临洮县针对村级集体经济薄弱、基础差、缺资金、缺人才的现状，在深入调研的基础上，启动实施了能人进班子计划，确定16个乡镇的43个村先行开展试点，为农村培养一大批有经济实力、有带富愿望、有奉献精神、有群众基础的致富能人，并将致富能人这一巨大的人才资源转化为推动农村转型跨越发展的强大动力。2015年，该县审时度势，印发了《关于进一步深化“能人引领”工程助推精准扶贫工作的意见》，将“能人引领”与“精准扶贫”深度融合，逐步探索形成了协会带动、基地辐射、农超对接、大户联营、村企共建、科技示范等多种能人引领带富新模式。峡口镇普济寺村依靠高原夏菜产业发展，注册成立了首家全农业机械化耕作、新农机具引进及推广、新技术交流等社会化服务为一体的农机专业合作社，探索走出了一种“抱团发展”的新模式，该合作社现有大小农机具360台（套），服务范围逐步扩大到峡口及周边5个乡镇28个村，延伸到周边县区及内蒙、新疆等域外地区，2017年合作社共完成农机作业服务3.1万亩、实现营业收入200多万元，释放劳动力800多名。

十年间，临洮县有995名致富能人进入村级后备干部队伍，并依法选配898名致富能人进入村“两委”班子。此外，鼓励支持致富能人领办创办特色种养基地520个，组建专业合作组织818个，引导1208名有带富能力的党员与贫困户结成帮扶对子，探索形成了“能人+产业”“能人+贫困户”“党建+脱贫”等多种发展模式，“能人引领”助推脱贫攻坚的成效更加显著。2013年底，临洮全县有贫困人口10.62万人，贫困发生率为21.73%。2018年底，这两个数字分别下降到2.83万人和5.8%。能人扶贫在脱贫攻坚战中的引领作用，与临洮县十年来坚持高标准、硬要求、严考核的原则密切相关。

临洮县立足能人资源优势，通过现任管理能人“公推留任”、产业致富能人“择优内推”、务工创业能人“引导回归”、强村致富能人“跨村任职”等方式，打破村域、身份、职业界限，充分挖掘在种植、养殖、加工、运输、贩运、建筑等方面能力突出的能人资源，引导其积极参与村级事务，引领农村发展。（1）严格标准“选”能人。临洮县把选准致富能人作为实施“能人引领”工程的首要前提，按照“广进严选”的原则和“有群众基础、有发展思路、有带动能力、有奉献精神”的“四有”标准，从建筑企业家、种养大户等致富能人中，高标准筛选村级后备干部，建立致富能人村级后备干部库。（2）多措并举“育”能人。临洮县把提高致富能人综合素质和带动能力作为实施“能人引领”工程的关键环节，侧重多岗锻炼提能力。采取“先给舞台，再给位子；先当配角，再当主角；先给担子，再给身份”的培养模式，使其在参与村级事务过程中熟悉农村工作，在为群众服务过程中增进与群众的感情。（3）强化考核“管”能人。临洮县建立了政策激励机制，实行村干部薪酬逐年正常增长和离任补贴激励机制，全面落实选拔能人“村官”到乡镇任职、从优秀能人“村官”中考录公务员和推选“两代表一委员”等制度规定，激发致富能人干事创业热情。

四川省南充市西充县“能人带动”脱贫经典案例

四川省南充市西充县在脱贫攻坚工作中积极作为，创建了单位帮扶，能人带动、抱团经营，专合服务、自主经营，村社主导、集体经营，能人引领、委托经营，大户示范、带动经营等“五大”产业扶贫带动模式，受到了各级领导的高度赞赏。

西充县车龙乡建林宫村辖6个社，总人口480余人，耕地面积660余亩。

由于地处偏僻，山高沟夹，是典型的旱山村。该村基础薄弱，人口流失，产业不优，全村无集体经济收入，人均纯收入底下，属于西充县的重点贫困村。近年来，在西充县卫生和计划生育局的大力帮扶下，建林宫村围绕“产业扶贫、基础扶贫、新村扶贫、能力扶贫、民生扶贫”五大类扶贫工程，通过治水治旱，因地制宜发展特色经济，成立专合社牵头，农户自主经营，该村发生了巨大的变化：2016 年脱贫 10 户 17 人，力争使全村贫困人口基本脱贫，实现“两不愁、三保障”（不愁吃、不愁穿；义务教育、基本医疗和住房得到有效保障）目标。

“能人带动”是西充县脱贫攻坚常见模式之一。能人的示范带动对脱贫攻坚能起到立竿见影的作用，是吸引群众加入产业培育最好动力。今后，西充县将加大对能人带动的技术、项目等方面的支持力度，让更多的贫困群众在能人的带动下脱贫致富。近年来，西充县在专合组织、龙头企业和业主的牵引下，变“大水漫灌”为“精准滴灌”，建成 57 家村级土地托管合作社，精准发力“拔穷根”，西充脱贫攻坚正跑出“加速度”。西充县扶贫和移民局的统计数据显示，截至 2016 年中旬，全县已培育龙头企业 105 家（省市龙头企业 34 家、台湾企业 3 家）、农民专业合作社 479 家、家庭农场（专重大户）1658 家，农业发展方面投资近 100 亿元，建成现代农业示范基地 30 万亩，实现了 11426 户、23578 人脱贫。

第七章　贫困户的就业服务平台：就业驿站

就业驿站建设的核心目标是让贫困劳动者不出乡镇、村就能享受公共就业创业服务，获得就业岗位和培训机会。

一、优势分析

就业驿站的特性是能够以村或者镇为基础单位，较好解决中小企业“招工难”的问题，又能够引导贫困劳动者就近就业或居家就业。在形式上，就业驿站往往具有综合服务职能特性，具有就业社保、电子商务、金融保险、居家养老、提供岗位信息、职业技能培训、创业担保贷款等多项服务，一站式解决贫困劳动者就业创业等各类问题。从服务对象上看，就业扶贫驿站服务的优先主体是贫困劳动力及其家人。但其服务主体并未局限于此，理由是构建功能完善的就业综合服务体系，其所能产生的扩散效应是巨大的，其职能所覆盖的范围也是全部就近辐射范围中的劳动力及其家人。

二、适用范围

就业驿站几乎适用于各个社区，但与乡村发展基础条件紧密相关。按照要求，就业驿站需以“重点突出、布局合理”为原则，建设在贫困人口较多、扶贫任务较重的行政村（社区）和易地扶贫搬迁集中定居点，结合实际建设就业扶贫驿站，并加强管理，确保就业驿站运转正常，为贫困劳动者就业创业提供精准帮扶。从建设方式和标准上，要按照“围绕产业、一地一品、因地制宜、持续发展”的原则建设就业扶贫驿站。从建设内容上看，就业扶贫驿站重点打造就业扶贫车间、电商服务中心、公共就业服务中心三大板块。各乡镇、行政村可结合实际创新就业扶贫驿站的服务功能和内涵。一般来讲，地区会对社区驿站建设内容提出一定要求。以安徽省宿州市灵璧县为例，其提出对就业扶贫车间的相关政策：引导劳动密集型企业在驿站内设立扶贫车间，就近吸纳农村 16—59 周岁建档立卡贫困家庭劳动力（以下简称贫困劳动者）就业或组织贫困劳动者实现居家就业，并努力实现稳定就业。就业扶贫车间最少能提供就业岗位 30 个以上，吸纳贫困劳动者人数不低于总人数的 30%，贫困劳动者稳定就业率达 90% 以上。对电商服务中心：让农民足不出户以“零成本”将农产品销售出去，并利用电子商务实现各类市场要素的互通有无，带动当地县域农村资源的合理化配置；电商服务中心至少配备 1 台电脑并连接网络；有条件的可设置农特产品展区、小型仓储物流区等。对公共就业服务中心：各级公共就业服务机构可通过设立专门窗口或巡回服务站点等方式，在驿站内建立公共服务中心，设立技能培训教室，为当地农村劳动者提供岗位信息、职业技能培训、创业担保贷款等就业创业服务；通过就业创业的业务办理和社会保障自助服务机信息查询等，帮助农村劳动者在家门口了解就业创业政策，知晓岗位招聘信息，办理就业和社会保障相关业务，开展创业活动。

三、现存挑战

随着就业驿站地发展，也出现了一些发展不规范，亟待整改的问题，具体包括：（1）生搬硬套，在不具备运行条件的车间加挂电商中心、公共就业服务中心牌子。（2）将原有企业、园区挂牌、翻牌认定为就业扶贫驿站，车间经营不善，无法发挥应有的功能。（3）就业驿站建设的烂尾工程。

对此提出相关建议：（1）择优选择合适项目入驻。（2）对合同签订、政策落实不规范的就业扶贫驿站，要督促进行整改，整改不到位的严禁通过认定、严禁拨付补助资金。（3）对建成投入使用的就业扶贫驿站，要加强跟踪管理服务，确保发挥带动就业、扶持产业的作用，防止出现烂尾工程。（4）在就业扶贫驿站岗位数和吸纳贫困劳动者比例上，革命老区就业扶贫驿站吸纳建档立卡贫困劳动者就业比例，允许根据实际适当提高，带动就业人数。（5）适合建设就业扶贫驿站的落后地区，可适当扩大就业扶贫驿站政策落实力度，坚持按季（或按月）发放贫困劳动者就业补贴，及时兑现建设补助，促进驿站持续健康发展。

四、发展前景

尽管就业扶贫驿站是新产生的创新性就业扶贫项目，但可以预计驿站对本地贫困群体的综合性就业服务和综合性职业培育将在后续时期继续起到可持续的发展功能。同时借助社区良好的本土地域资源，以及便利的交通状况，无论是对劳动力的引入还是引出，就业驿站都将有着便利附近居民的美好前景。此外，通过建设就业扶贫驿站，贫困劳动者有了长期就业、稳定脱贫的平台，贫困村有了固定收入、发展集体经济的渠道，脱贫攻坚与乡村振兴得到了有机衔接、相互融合。

五、典型案例

安徽省宿州市埇桥区的就业扶贫驿站

就业扶贫驿站是安徽省人社厅重点推广的就业脱贫重要举措。截至 2019 年 4 月底，埇桥区认定且正常运营的就业扶贫驿站达 14 家。从就业驿站的建设目标和初衷上看，埇桥区创建驿站的可行性源于如下几个核心发展背景：一是全区资源丰富。埇桥区是“全国产粮大县（区）”“全国杨木产业示范区”“国家现代农业示范区”“全国农村改革试验区”“无公害农产品生产基地”“全国生猪调出县（区）”。二是交通便利。埇桥居于京沪高铁地理中点，1 小时到达合肥、南京，2 小时到达上海，3 小时到达北京，是距离出海口最近的安徽城市。三是埇桥区劳动力资源丰富。全区共有适龄劳动力 87.9 万人，熟练技术工人 34.5 万人。截止目前吸纳贫困群众 164 人在扶贫车间就地就近就业，占扶贫车间总就业人口的 30% 以上，人均年工资收入 1—3 万元。驿站内配置可容纳 20 人以上的技能培训教室，为贫困劳动者提供就业技能培训和创业培训服务。针对贫困户的自身特点，开设培训课程服务。在乡风文明建设中，部分驿站还增加了广场舞等特色课程，提高群众的身体素质，丰富文化精神生活。从成效上看，2016—2018 年间，埇桥区累计帮扶 5417 名贫困劳动者实现就业，其中通过就业扶贫驿站实现贫困劳动者就业超 800 人，为当地的特色产业发展、贫困劳动者居家就业作出了一定的贡献。

第二部分：巩固拓展可持续就业扶贫成果现存问题

第八章　巩固拓展可持续就业扶贫成果形势判断

习近平总书记指出，党的十八大以来，在党中央坚强领导下，在全党全国全社会共同努力下，我国脱贫攻坚取得决定性成就。脱贫攻坚目标任务接近完成，贫困人口从2012年年底的9899万人减到2019年年底的551万人，贫困发生率由10.2%降至0.6%，区域性整体贫困基本得到解决。贫困群众收入水平大幅度提高，自主脱贫能力稳步提高，贫困群众“两不愁”质量水平明显提升，“三保障”突出问题总体解决。贫困地区基本生产生活条件明显改善，群众出行难、用电难、上学难、看病难、通信难等长期没有解决的老大难问题普遍解决，义务教育、基本医疗、住房安全有了保障。贫困地区经济社会发展明显加快，基本公共服务日益完善，贫困治理能力明显提升，基层组织得到加强，基层干部本领明显提高。2020年底我国完成脱贫攻坚任务，提前10年实现联合国2030年可持续发展议程的减贫目标，世界上没有哪一个国家能在这么短的时间内帮助这么多人脱贫，这对中国和世界都具有重大意义。同时，习近平总书记强调，在脱贫攻坚领域取得了前所未有的成就，彰显了中国共产党领导和我国社会主义制度的政治优势。这些成绩的取得，凝聚了全党全国各族人民智慧和心血，是广大干部群众扎扎实实干出来的。习近平总书记代表党中央，向广大脱贫攻坚战线的同志们致以诚挚的问候。

习近平总书记指出，脱贫攻坚战不是轻轻松松一冲锋就能打赢的，必须高度重视面临的困难挑战。剩余脱贫攻坚任务艰巨，新冠肺炎疫情带来新的挑战，巩固脱贫成果难度很大，部分贫困群众发展的内生动力不足，脱贫攻坚工作需要加强。2020年是脱贫攻坚战最后一年，收官之年又遭遇疫情影响，各项工作任务更重、要求更高。各地区各部门要坚定不移把党中央决策部署落实好，确保如期完成脱贫攻坚目标任务。同时，习近平总书记强调，要继续聚焦“三区三州”等深度贫困地区，落实脱贫攻坚方案，瞄准突出问题和薄弱环节狠抓政策落实，攻坚克难完成任务。对52个未摘帽贫困县和1113个贫困村实施挂牌督战，国务院扶贫开发领导小组要较真碰硬“督”，各省区市要凝心聚力“战”，啃下最后的硬骨头。要巩固“两不愁三保障”成果，防止反弹。对没有劳动能力的特殊贫困人口要强化社会保障兜底，实现应保尽保。

习近平总书记指出，要落实分区分级精准防控策略，努力克服疫情影响。疫情严重的地区，在重点搞好疫情防控的同时，可以创新工作方式，统筹推进疫情防控和脱贫攻坚。没有疫情或疫情较轻的地区，要集中精力加快推进脱贫攻坚。要优先支持贫困劳动力务工就业，在企业复工复产、重大项目开工、物流体系建设等方面优先组织和使用贫困劳动力，鼓励企业更多招用贫困地区特别是建档立卡贫困家庭人员，通过东西部扶贫协作“点对点”帮助贫困劳动力尽快有序返岗。要分类施策，对没有疫情的地区要加大务工人员送接工作力度。要切实解决扶贫农畜牧产品滞销问题，组织好产销对接，开展消费扶贫行动，利用互联网拓宽销售渠道，多渠道解决农产品卖难问题。要支持扶贫产业恢复生产，做好农资供应等春耕备耕工作，用好产业帮扶资金和扶贫小额信贷政策，促进扶贫产业持续发展。要加快扶贫项目开工复工，易地搬迁配套设施建设、住房和饮水安全扫尾工程任务上半年都要完成。要做好对因疫致贫返贫人口的帮扶，及时落实好兜底保障等帮扶措施，确保他们基本生活不受影响。同时，习近平总书记强调，要多措并举巩固成果，加大就业扶贫力度，加强劳务输出地和输入地精准对接，稳岗拓岗，支持扶贫龙头企业、扶贫车间尽快复工，提升带贫能力，利用公益岗位提供更多就近就地就业机会。要加大产业扶贫力度，注重长期培育和支持种养业发展，继续坚持扶贫小额信贷，加大易地扶贫搬迁后续扶持力度，确保稳得住、有就业、逐步能致富。

习近平总书记指出，要保持脱贫攻坚政策稳定，对退出的贫困县、贫困村、贫困人口，要保持现有帮扶政策总体稳定，扶上马送一程。过渡期内，要严格落实摘帽不摘责任、摘帽不摘政策、摘帽不摘帮扶、摘帽不摘监管的要求，主要政策措施不能急刹车，驻村工作队不能撤。要加快建立防止返贫监测和帮扶机制，对脱贫不稳定户、边缘易致贫户以及因疫情或其他原因收入骤减或支出骤增户加强监测，提前采取针对性的帮扶措施。同时，习近平总书记强调，要严格考核开展普查，严把退出关，坚决杜绝数字脱贫、虚假脱贫。要开展督查巡查，加强常态化督促指导，继续开展脱贫攻坚成效考核，对各地脱贫攻坚成效进行全面检验，确保经得起历史和人民检验。

习近平总书记指出，脱贫摘帽不是终点，而是新生活、新奋斗的起点。要接续推进巩固拓展可持续就业扶贫成果与乡村振兴有效衔接，推动减贫战略和工作体系平稳转型，统筹纳入乡村振兴战略，建立长短结合、标本兼治的体制机制。总的要有利于激发欠发达地区和农村低收入人口发展的内生动力，有利于实施精准帮扶，促进逐步实现共同富裕。同时，习近平总书记强调，脱贫攻坚越到最后越要加强和改善党的领导。各级党委（党组）一定要履职尽责、不辱使命。中央财政要继续增加专项扶贫资金规模，各级财政也要保证脱贫攻坚的资金需求。要加大财政涉农资金整合力度，加强扶贫资金监管，提高资金使用效率和效益。对已经实现稳定脱贫的地方，各地可以统筹安排专项扶贫资金，支持非贫困县、非贫困村的贫困人口脱贫。要深化东西部扶贫协作和中央单位定点扶贫，帮助中西部地区降低疫情对脱贫攻坚的影响。要立足国家区域发展总体战略，深化区域合作，推进东部产业向西部梯度转移，实现产业互补、人员互动、技术互学、观念互通、作风互鉴，共同发展。

同时，习近平总书记还指出，要加强扶贫领域作风建设，坚决反对形式主义、官僚主义，减轻基层负担，做好工作、生活、安全等各方面保障，让基层扶贫干部心无旁骛投入到疫情防控和脱贫攻坚工作中去。要加强脱贫攻坚干部培训，确保新选派的驻村干部和新上任的乡村干部全部轮训一遍，增强精准扶贫、精准脱贫能力。

习近平总书记的重要讲话，充分肯定了脱贫攻坚取得的成绩，深刻分析了脱贫攻坚面临的形势，对加强党对脱贫攻坚的领导、高质量完成脱贫攻坚目标任务提出明确要求，具有很强的指导性和针对性，进一步坚定了全党全社会坚决打赢脱贫攻坚战的信心决心。各地区各部门要认真学习领会习近平总书记重要讲话，充分认识决战决胜脱贫攻坚的重要性艰巨性紧迫性，对标党中央的决策部署和工作要求，全面排查梳理工作任务，克服新冠肺炎疫情影响，坚持目标导向、问题导向和结果导向，倒排工期、强力推进，层层压实责任，级级传导压力，结合实际创造性地开展工作，确保如期高质量完成脱贫攻坚任务，向党和人民交出合格答卷。

第九章 巩固拓展可持续就业扶贫成果面临的形势

一、就业扶贫取得积极进展

2017年以来，人社部和相关省市都全面接受了中央脱贫攻坚专项巡视，这也是对就业扶贫工作进行全面体检的一次巡视。习近平总书记在中央政治局常委会会议听取专项巡视情况汇报时明确指出：从巡视情况看，各级党组织脱贫攻坚工作总的情况是好的，成绩是主要的。这是习近平总书记做出的重要判断。汪洋同志在脱贫攻坚专项巡视整改电视电话会议上指出，党中央开展这次巡视，就是为脱贫攻坚鼓劲加油，激发大家决战决胜的精神状态。近年来，各级人社部门坚决贯彻落实习近平总书记的一系列重要论述，把就业扶贫作为重大政治任务，坚持目标导向，突出问题导向，优化政策供给，开拓创新、扎实奋进、积极作为，攻坚克难，取得积极进展。截至2019年5月底，全国已累计帮扶1036万建档立卡低收入劳动力实现就业，比2017年底新增就业436万人。

一是建立了就业扶贫工作机制。依托脱贫攻坚工作机制，进一步确立了中央重视、部省统筹、部门推进、市县党委政府抓落实的就业扶贫工作体系；建立精准帮扶机制，与国务院扶贫办定期共享低收入劳动力实名信息，建设全国农村低收入劳动力就业信息平台，支持各地精准识别、精准施策；建立工作调度机制，按月统计就业扶贫工作进展，分析相关数据；建立专项服务机制，在春风行动、就业援助月等专项服务活动中将低收入劳动力作为重点服务对象，在全国扶贫日、全国助残日开展专项活动集中为低收入劳动力送政策、送岗位、送服务；建立资金保障机制，协调财政部门将就业扶贫任务和成效纳入就业补助资金分配因素，并向欠发达地区和国家重点扶持县区域

（如深度贫困地区）带帽下达。

二是形成了就业扶贫政策体系。人社、财政、国务院扶贫办等部门出台了就业扶贫工作指导意见、加大就业扶贫政策支持力度等一系列政策文件，各地也因地制宜，明确了许多高含金量的政策措施。目前，就业扶贫政策已覆盖了广大低收入劳动力、吸纳低收入劳动力就业的各类用人单位以及职业中介机构、职业培训机构、孵化园区等市场主体，贯穿了促进低收入劳动力就业创业各个方面，政策扶持力度也越来越大。

三是构建了就业扶贫工作新格局。各地坚持从实际出发，不断创新工作思路和方法，推动就业扶贫工作重点从组织劳务输出为主，转向促进就近就地就业与外出务工并重；手段从开展普惠性招聘服务为主，转向以精准识别为基础的个性化就业服务为主。一些地方还创设了扶贫车间、就业驿站、社区工厂、卫星工厂等就业创业新载体，实行了重大项目与贫困县结对帮扶的劳务协作新渠道，采取了就业扶贫专岗、公益性岗位等托底帮扶新手段。

二、就业扶贫中仍面临的困境

第一，缺少对贫困家庭照料因素的考虑。

按照阿马蒂亚森的说法，贫困主要是由于基本可行能力的缺乏。从这个理念上，影响贫困家庭就业的因素不仅是自身知识劳动技能不足，就业信息等社会资源匮乏，还包括家庭照料负担沉重、社会融入障碍等问题。从这个意义上来看，沉重的家庭照料负担会直接影响其工作意愿。根据我们在全国各地，尤其是西部地区的贫困调研经验，在经济条件十分窘迫、照料康复体系及社区服务不完善的情况下，家庭亲人照料仍是农村贫困人群选用的主要家庭供养方式。因此，对劳动力成员在家庭照料中所扮演角色的考虑是必要的。目前来看，较为成功的就业扶贫模式的主要思路是对抚养和照料负担重的家庭，采取就近就业扶贫思路。例如，家庭作坊、扶贫车间都是较为合适的方式。

第二，一些优惠政策门槛较高。

外出务工是能够显著改善其收入水平的一种渠道，但对经济能力较差的家庭劳动力而言，现金约束成为其难以实现外出的一个重要约束。为解决上述问题，地方政府提供的现金资助能够起到较大作用。但在政策实践中，对于获取这种补助或奖励，经常设置有严格的门槛条件。比如，对于跨省务工的交通补贴，需要稳定就业一段时间后，凭借完备手续证明到当地相关部门申请；或者很多地方的现金补助形式是首先要求满足一定条件，事后才能申请补助。虽然上述方式能够避免低收入群体道德风险和逆向选择，但客观上挤占了资源事前介入的福利效应。从这个意义上，探索更为科学的就业支持方式，可能是未来我们要思考的一个重要问题。

第三，欠发达地区公共服务体系亟须完善。

农村地区公共服务体系建设对实现贫困家庭长久脱贫至关重要。实现就业脱贫，需要进一步完善农村公共劳动就业服务体系、公共社会保障体系。当前，欠发达地区的公共服务可及性不足，公共就业服务体系不完善，不利于为低收入群体提供及时全面的就业指导，也不利于其自立发展能力的培养巩固。

第四，低收入群体就业服务有待精细化开展。

尽管我国出台了“春风行动”等公益性招聘，但由于低收入群体本身文化水平和认知能力相对较低，目前农村低收入群体外出就业仍主要依靠具有血缘或亲戚等社会网络关系。但我们也知道，非市场化的信息网络会出现“穷帮穷，越帮越穷”的现象。故此，就业服务仍具有重要性。我们认为，“春风行动”等就业支持计划的出台只是第一步，更重要的下一步是要精细化服务与贫困人口就业诉求的对接，利用市场化、信息化手段，辅助以政府和社会公益性职能力量，助力贫困户的就业和脱贫。

第五，需要逐步提高低收入群体城镇就业福利保障。

和农民工问题一样，伴随我国城镇化的快速发展推进，务工低收入群体面临着在城镇务工的社会保障难题。考虑到低收入群体知识水平较低，政府有必要在就业扶贫政策中一次性到位的为低收入群体宣传和提供相关福利保障知识后援支持，保障进城务工低收入群体的基本福利。

第六，现行就业扶贫政策还缺乏对一些低收入群体的特惠支持政策。

调查显示，低收入群体本身文化素质偏低、就业技能偏弱、就业渠道单一，帮扶这类群体就业创业，需要给予更多倾斜的政策。可是，现行就业政策更多地表现出普惠型特征，缺乏对低收入群体的特惠支持。例如，有些就业政策因为户籍门槛的限制，将农村低收入群体排除在外，由于各地目前对就业苦难人员的认定基本上以户籍为依据，导致农村低收入群体很难享受岗位补贴和社保补贴等政策。

第七，创业担保贷款政策在实践中存在不足，需要进一步完善。

综合调研地区政府和企业的反映情况，主要存在的问题包括：其一，创业担保贷款政策对劳动密集型小微企业的惠及面不高。小微企业在吸纳贫困人口就业、帮扶其实现产业脱贫等方面发挥了积极作用，然而，缺乏资金、融资难、融资贵等现状却也是这类企业面临的主要问题。由于创业担保门槛较高，要求申请人提供可抵押资产、保证金等，小企业一般很难提供担保抵押，从而很少享受到优惠政策。其二，创业贷款扶持对象需要放宽标准。现行政策虽然覆盖了城镇失业人员、就业难群体，但从事第一产业的农村劳动力，尤其是农村贫困劳动力仍然被排除在外。其三，欠发达地区财政困难，资金配套很难到位，导致创业贷款总金额不高，无法满足“应贷尽贷”的实际需求。

第八，就业专项资金难以满足实际工作的需要。

连片特困地区长期经济发展落后，低收入群体基数大，对就业专项资金的需求量很大，但目前中央和各省财政拨付到市、县的就业资金比较有限。各地普遍反映虽然当地制定了系列政策措施推进就业创业工作，但随着工作范围的扩大，各项就业资金不足，无法满足实际需要。

第九，应对深度欠发达地区、少数民族区劳动力文化素质和技能水平差的灵活性就业扶贫政策的缺乏。

调查显示，云南省大部分农村劳动力文化程度不高，多数进城务工农民只有小学或者初高中文化水平，同时还存在语言交流困难等问题，在学习技术、工作交流、人际交往等方面存在一定障碍。此外，技能水平低也制约着当地农村劳动力专业就业。全省农村转移就业劳动力中约七成没有经过专业技能培训，具有初级技能证书的农村转移劳动力不及两成。

第十，劳务输出组织化程度低，受经济下行压力和企业用工转型等影响令劳务输出面临挑战。

目前，欠发达地区有组织转移的劳动力规模较小，亲友介绍或自发转移是劳动力转移的主要形式。劳务输出缺乏规范化的信息平台，就业指导和跟踪服务，农村劳动力缺乏获取就业信息的渠道，外出务工存在较大盲目性和随意性。此外，由于经济下行压力加大，市场用人需求减少，企业招聘普通劳动力的意愿下降，更不用提对低收入群体或偏低能力户的招聘意愿。对此，我们建议：一是优化有序劳务输出，二是提高公共就业服务，帮助低收入群体就地就近就业。

此外，现阶段就业扶贫形势依旧严峻。就业扶贫是就业工作的重要内容，必须从全局掌握全国就业的总体形势。2020 年以来，就业延续了总体平稳的态势。1—5 月城镇新增就业 597 万人，完成全年目标任务的 54%。5 月份全国城镇调查失业率为 5.0%，低于 5.5% 的预期控制目标。在形势总体平稳的同时，也要清醒地看到，在当前和今后一个时期，就业领域固有矛盾依然存在，新的影响因素还在增多，工作推进中仍有不少短板弱项，就业形势更加复杂严峻，促进就业任务更加艰巨繁重。特别是中美经贸摩擦不断升级，叠加经济下行压力、结构调整阵痛，对就业影响逐步显现，就业形势更加复杂严峻，一些突出问题需密切关注。一是市场需求下降。受订单下滑、成本上升、预期不稳等多重因素挤压，企业慎招、减招、停招现象增多。智联招聘、58 同城等 5 家市场机构大数据显示，网络招聘需求人数连续三个季度下降，2020 年一季度市场需求同比减少 4.1%，而去年同期为同比增加 14.3%。二是减员压力上升。对 5 万多家企业 2700 万个岗位动态监测显示，4 月末监测企业岗位数较去年底减少 1.3%。2020 年 1—5 月，全国城镇调查失业率持续高于去年同期，失业保险金领取人数也连续 3 个月同比增加。三是部分地区走势分化。中西部地区就业市场热力不减，东部地区就业市场出现波动，前 5 个月城镇新增就业人数同比减少 0.4%，是近年来的首次下降。4 月份广东、上海等地监测岗位流失率超过 2%，是全国平均水平的 2 倍。四是重点群体就业承压。青年失业率一直是整体失业水平的 2 倍以上。农民工就业压力加大，去年 8 月份以来，外来农业户籍人口失业率持续上升。建档立卡贫困劳动力主要依靠政策帮扶就业，在市场趋紧背景下，受影响尤为明显。

在这样的整体就业形势下，就业扶贫还面临着一些特殊的困难，任务依然艰巨。一方面，经过这几年的努力，能够就业的贫困劳动力都已经实现就业，目前还未就业的都是难中之难、困中之困，帮扶难度非常大；一方面，2019 年以来，经济下行压力加大，中美经贸摩擦持续升级，对就业的影响开始显现，这种情况下已就业贫困劳动力就业质量将会下降，未就业贫困劳动力就业机会将会减少，持续扩大就业规模和稳定就业岗位都面临很大压力，一些地方甚至可能面临劳务输不出去的困境。分析有关数据，主要体现为三方面：

一是总量压力仍然存在。截至2020年5月底，全国建档立卡贫困人口中，未脱贫且需帮扶就业的还有218万人。从地域分布看，多数集中在中西部地区。其中，30万人以上的省份有2个，分别是云南、广西，10—30万人的有6个，分别是甘肃、贵州、新疆、陕西、四川、湖南，以上8个省份需帮扶就业贫困劳动力数量占全国总量的84%。

二是帮扶难度越来越大。尚需帮扶就业的贫困劳动力不仅总量仍然不少，帮扶难度也非常大，往往是难啃的"硬骨头"。主要表现在：技能水平和受教育程度普遍偏低，具有一定技能水平的不足10%，初中及以下文化程度的占比超过70%；年龄结构偏大，40岁以上的占52%；就业意愿不足，有就业意愿的仅占1/4。需要指出的是，"三区三州"等欠发达地区（如深度贫困地区）就业扶贫面临更大压力。其贫困劳动力数量更多，"三区三州"人口约占全国总人口的2%，但其低收入劳动力却达到全国贫困劳动力总量的12%，其中许多人往往还存在语言、习惯、观念等特殊问题。

三是就业质量仍然不高。截至2020年4月底，在已实现就业的低收入劳动力中，还有272万人没有脱贫。这从一个侧面说明目前就业质量不高，带动增收和脱贫的实效不强。从就业形式看，已就业人员中正规就业比例很低，单位稳定就业仅占11%，灵活就业等就业方式仍占主体。

最后，在巡视过程中，也发现了就业扶贫工作仍存在一些问题。习近平总书记在解决"两不愁三保障"突出问题座谈会上指出，这次脱贫攻坚巡视和成效考核发现了不少突出问题和共性问题。各地区各部门要全面排查梳理，确保各类问题整改到位。汪洋同志也指出，要看到问题是的确存在的，巡视查找出的这些问题，不是说大家思想上、工作上完全不重视，而是说还不够到位；不是说其他工作没有类似问题，而是扶贫工作的性质和工作时限，决定了对解决存在的问题有更高的要求。第一，后扶贫时代巩固拓展就业扶贫成果部分领域存在风险点。一是公益性岗位存在财政负担和劳动力激励的双重风险。公益岗位本身是地方探索出的对农村弱劳动力的一种兜底安置手段，主要针对群体是年龄偏大、技能单一、文化水平较低的农村贫困劳动力，激励其自力更生，体现民生关怀与就业脱贫引导相结合的双赢精神。但由于公益岗位设置门槛较低，很多地方怀揣"一兜了事"的思路，设置了过多的公益性岗位，泛化了"兜底"和"弱劳动力"概念；且有的地区使用的是东西部劳务协作专项经费，存在乡村自身造血功能不足和公益金使用不规范问题。

因此，若不能及时规范公益岗位的设置和参与者的准入门槛，将会导致养农村懒汉劳动力、养乡村懒政官员、增加财政负担的问题。二是扶贫车间存在财政依赖和不可持续的双重风险。扶贫车间是一种解决农村劳动力就近就业的便捷有效方式，对提升留守家庭成员（如妇女、孤寡老人）的经济收入和个人权益有显著成效。当前阶段，由于扶贫车间的经营目标不是利润最大化，扶贫车间需要承担扶贫公益职能，所以很多地区的扶贫车间存在政府补贴较多，车间运营靠政府而不是靠市场推动发展的问题。但政府补贴和政策支持具有针对性和有限性特点，意味着从长期来看，若不能及时建立市场化独立生存能力，扶贫车间的长期可持续发展会存在重大挑战。

同时，信息平台上贫困劳动力就业失业信息不准、不全等问题也不容忽视。这些问题，有的具有共性，有的在个别地方存在，有的要人社部门牵头加以解决，有的要配合其他部门共同做好工作。巡视反馈以来，部里和相关省市都照单全收，把落实好巡视指出问题的整改作为重大的政治任务，上下联动，迅速开展整改，采取了很多针对性强、行之有效的措施，取得了一定的成效。大家要继续坚持问题导向，把巡视整改的过程变成全面推进工作的过程，扎实整改，标本兼治，在不断发现问题和解决问题的过程中实现工作进步。

三、疫情对就业扶贫的影响

此轮公共卫生危机下，我国在就业保障方面的反应非常及时和充分，归纳其特点，一是及时有效的就业优先政策。应对疫情政策的明显变化就是贯彻了就业优先政策的主线，采取了积极的财政政策、稳健的货币政策和就业优先政策。这些组合政策出台之快超出了我们的预期，增强了我们对全年就业实现稳定向好的信心。二是面对新形势，今年实施就业优先政策有重大意义。一来确实把民生就业放到优先位置具有重大意义，突出了以人民为中心的发展思想。二是在宏观经济层面，财政政策、货币政策都以就业为目标确定政策取向，有利于完善宏观调控政策。三是复工复产让我们看到就业不仅是民生问题，也是重大的经济问题，是经济发展的源泉，劳动力作为生产要素要得到认真对待。

正如面对公共卫生危机所带来的发展挑战，国家提出“六保”（保居民就业、保基本民生、保市场主体、保粮食能源安全、保产业链供应链稳定、保基层运转），而位居首位的即是保居民就业。2020年两会期间，李克强总理提出“中国是一个人口众多的发展中国家，我们人均年收入是3万元人民币，但是有6亿人每个月的收入也就1000元，1000元在一个中等城市可能租房都困难，现在又碰到疫情，疫情过后民生为要……今年要如期完成脱贫攻坚任务，这是以习近平同志为核心的党中央向全社会作出的庄严承诺。按原本的账还有500多万贫困人口，受这次疫情的冲击，可能会有一些人返贫，脱贫的任务更重了。要多策并举，特别是要采取措施把脱贫的底线兜住，我们有把握完成今年决胜脱贫攻坚的任务。”

我国2020年的政府主要工作安排：

•赤字率拟按3.6%以上安排，财政赤字规模比去年增加1万亿元，同时发行1万亿元抗疫特别国债。

•预计全年为企业新增减负超过2.5万亿元。

•降低工商业电价5%政策延长到今年年底。

•宽带和专线平均资费降低15%。

•大型商业银行普惠型小微企业贷款增速要高于40%。

•2020年、2021年职业技能培训3500万人次以上，高职院校扩招200万人。

•年拟安排地方政府专项债券3.75万亿元，比去年增加1.6万亿元，中央预算内投资安排6000亿元。

•新开工改造城镇老旧小区3.9万个。

•增加国家铁路建设资本金1000亿元。

•新建高标准农田8000万亩。

•居民医保人均财政补助标准增加30元，开展门诊费用跨省直接结算试点。

•全国近3亿人领取养老金，必须确保按时足额发放。

•将参保不足1年的农民工等失业人员都纳入常住地保障。

归纳来看，为了稳住民生、就业与发展，党和中央政府在对应政策上能用尽用。包括使用规模性政策资金，允许基层用于减税降费，允许用于为企业减房租、贴利息。主要思路是把企业稳下来，岗位保得住，且公平合理。此外，资助企业以训稳岗的政策，2020、2021两年将有3500万人次通过失业保险结存来进行岗位培训提供缓冲机会。即便失业了，也要短时期内有再就业的机会。同时，要创造更多新的就业岗位。现在新业态蓬勃发展，大概有 1 亿人就业，大约存在 2 亿人就业的零工经济。政府将采取更多扶持政策，打破不合理的约束，让更多新就业岗位成长起来。在具体实施工作上，例如《成都市城市管理五允许一坚持统筹疫情防控助力经济发展措施》出台，在保障安全、不占用盲道、消防通道，不侵害他人利益，做好疫情防控和清洁卫生等工作前提下，允许在一定区域设置临时占道摊点摊区和夜市、允许临街店铺越门经营、允许流动商贩在一定区域贩卖经营。成都全市设置临时占道摊点、摊区 2234 个，允许临时越门经营点位 17748 个，大型商场占道促销点 82 个，允许流动商贩经营点 20891 个，增加互联网租赁自行车临时投放点位 6103 个，增加就业岗位 10 万个以上，中心城区餐饮店铺复工率超过 98%。上述行为也得到了李克强总理的肯定。

四、就业扶贫可持续性问题

整体来看，就业扶贫的服务体系主要围绕如下层面展开。

第一，对企业等市场主体，系列政策形成组合拳，重点鼓励各类主体更多的吸纳贫困劳动力就业。具体措施包括：对企业、农民专业合作社和扶贫车间等生产经营主体吸纳贫困劳动力就业并开展以工代训的，给予一定期限的职业培训补贴。对当地企业吸纳贫困劳动力就业的，参照就业困难人员给予社会保险补贴。对吸纳贫困劳动力就业数量多、成效好的就业扶贫基地，通过就业补助资金等给予一次性资金奖补。总体看出，政策支持表现在对吸纳各类劳动力企业或者其他市场主体实行有偿资助，由此构成以行政手段激发市场主体参与就业扶贫的手段。上述政策的优点在于利用政策资金补贴和奖补，对企业形成初次激励，为吸纳贫困劳动力创造条件，并且利用企业逐利性和市场成本收益分析的规则，迅速对政策作出反应，及时吸纳劳动力。当然，上述政策支持方式的主要问题在于，短期效应明显，长期可持续性较差。理由在于，持续性补贴和奖补激励，仅从成本收益的企业会计核算角度形成一定的贫困劳动力吸纳行为的激励动机，尚未形成企业的自我激励效应，无法充分激发企业的公益性动机。一旦政策撤离，企业以及相关主体对贫困劳动力吸纳动机会减弱乃至丧失。此外，政策中较少涉及对企业吸纳劳动力形式的规范性引导，企业缺少量体裁衣为贫困劳动力创造就业机会的设置。因此，我们认为如果单纯从上述补贴和奖补政策的设置来看，整体上可被归为被动的劳动力吸纳激励方式。未来发展中，所形成的初步相关建议是，要在政策激励过程中想方设法激发和引导企业的公益动机，同时为企业提供有针对性的，吸纳贫困劳动力的方案（如贫困劳动力技能培新、岗位创造的实施方案）作为引导和指导方案，形成企业有据可依的贫困劳动力吸纳法则。

第二，对贫困劳动力个人，重点是通过提供各项保障，鼓励贫困劳动力参与到就业创业或者培训活动。鼓励方式包括：（1）鼓励个人返乡创业。对创业的贫困劳动力，给予一次性创业补贴、税费减免等优惠政策，实施农民工等人员返乡创业培训五年行动计划（2016—2020 年）等。（2）大力开展职业培训。《“十三五”脱贫攻坚规划》文件中强调了针对贫困家庭中有转移就业愿望劳动力、已转移就业劳动力、新成长劳动力的特点和就业需求，开展差异化技能培训。整合各部门各行业培训资源，创新培训方式，以政府购买服务形式，通过农林技术培训、订单培训、定岗培训、定向培训、“互联网 + 培训”等方式开展就业技能培训、岗位技能提升培训和创业培训。加强对贫困家庭妇女的职业技能培训和就业指导服务。（3）对参加职业培训的劳动力，给予生活费补贴，降低其培训期间生活成本（或鼓励各地通过项目制方式为贫困劳动力免费提供培训）；对到县外就业的，给予一次性求职创业补贴。尤其针对贫困家庭农民工职业技能需求，深入推进农民工职业技能提升计划，加强对已外出务工贫困人口的岗位培训。继续开展贫困家庭子女、未升学初高中毕业生（俗称“两后生”）、农民工免费职业培训等专项行动，提高培训的针对性和有效性。（4）开发公益岗位。对就业困难的贫困劳动力开发公益性岗位安置并给予补贴，形成劳动力有偿劳动，有劳才有得，多劳多得的自我发展动力。

第三，发展职业教育和教育扶贫。引导企业扶贫与职业教育相结合，鼓励职业院校面向建档立卡贫困家庭开展多种形式的职业教育。启动职教圆梦行动计划，省级教育行政部门统筹协调国家中等职业教育改革发展示范学校和国家重点中职学校选择就业前景好的专业，针对建档立卡贫困家庭子女单列招生计划。实施中等职业教育协作计划，支持建档立卡贫困家庭初中毕业生到省外经济较发达地区接受中职教育。让未升入普通高中的初中毕业生都能接受中等职业教育。鼓励职业院校开展面向贫困人口的继续教育。保障贫困家庭妇女、残疾人平等享有职业教育资源和机会。支持民族地区职业学校建设，继续办好内地西藏、新疆中等职业教育班，加强民族聚居地区少数民族特困群体国家通用语言文字培训。同时，加大贫困家庭子女职业教育资助力度。继续实施“雨露计划”职业教育助学补助政策，鼓励贫困家庭“两后生”就读职业院校并给予政策支持。落实好中等职业学校免学费和国家助学金政策。

第四，对中介服务机构，重点是通过给予补助等形式，鼓励优先向贫困劳动力提供就业服务，各级公共就业服务机构针对贫困劳动力开展职业指导、专场招聘等就业服务活动的，给予就业创业服务补助，并适当提高补助标准。对人力资源服务机构、劳务经纪人等市场主体开展有组织劳务输出的，给予就业创业服务补助。

第五，在人才人事扶贫保障层面，整合各成员单位力量和资源，确定了面向“三区三州”等深度欠发达地区扶贫攻坚工作主线。具体做法包括：一是精准制定倾斜激励政策。组内成员单位结合调研摸底情况，以提升待遇和拓展发展空间为重点，聚焦“三区三州”等深度欠发达地区，加大职称、工资等政策倾斜激励力度，改进优化事业单位公开招聘、引才等政策，制定稳定贫困地区人才队伍、引导支持各类人才向欠发达地区流动措施。二是引导各类专家人才助力脱贫攻坚。广泛动员组织各类专家深入脱贫攻坚主战场，围绕贫困地区实际需求，开展技术指导、转化成果、对口帮扶、人才培训、改善民生等多种形式的服务活动。同时，加大政策保障力度，建立长效机制，切实解决专家服务脱贫攻坚后顾之忧，充分发挥好他们的智力优势、技术优势、信息优势，助力欠发达地区群众脱贫致富。三是加强欠发达地区本土人才培养。实施各具特色的能力培训和素质提升工程，支持引导各类人才扎根基层一线建功立业，为欠发达地区稳定脱贫、长远发展提供不竭人才动力。

总体上，未来阶段就业扶贫可持续性风险可控。一是确实存在风险点。从调研情况看，风险比较大的是公益性岗位和扶贫车间。其次是劳务输出。二是也有增长点。乡村振兴背景下，返乡下乡创业会增多，能够创造更多就业机会；随着乡村振兴工作推进，产业的发展，也会带动更多就业。三是两者相互抵消，总体上风险可控。

五、同乡村振兴衔接的问题

在“乡村振兴”发展战略规划下，乡村发展将更具发展前景。“产业兴旺”将为农业农村经济带来适应市场需求变化、加快优化升级、促进产业融合的新发展局面，会带动更多就业，倒逼扶贫车间的自我改善。“生态宜居”和“乡风文明”将为营造拴心留人的创业环境提供重要保障，为农民返乡就业和创业提供良好的制度条件和环境基础，形成正向循环。基于乡村振兴的大环境，上述两类就业扶贫机制中所伴生的风险将会一定程度上得到缓解，总体上风险可控。但是，影响可持续就业扶贫的重要因素仍需要得到高度重视。

2018 年 9 月，《乡村振兴战略规划（2018—2022 年）》中提出“推动脱贫攻坚与乡村振兴有机结合相互促进”。2021 年是中国巩固拓展脱贫攻坚成果的关键时期，同时也是乡村振兴的起步阶段。面对扶贫与乡村振兴双向任务的重叠阶段，如何正确看待可持续就业扶贫与乡村振兴之间的关系，促进巩固拓展可持续就业扶贫成果同乡村振兴的有机衔接，是现阶段急需解决的关键问题。

第一，巩固拓展脱贫攻坚成果与乡村振兴衔接应遵循的基本原则。

巩固拓展可持续就业扶贫成果是乡村振兴发展中的重要一环，也是深化乡村振兴美好结果的延伸。在把握好两大战略关系的基础上，要坚持以下三个原则，确保实现有效衔接：一是要始终坚持精准思想。脱贫攻坚就业扶贫的成效证明了精准扶贫思想的科学性，衔接过程中，要将“精准”原则贯穿巩固拓展可持续就业扶贫成果和乡村振兴的始终；二是坚持分阶段有序化推进。2020 年之前，以就业扶贫为脱贫攻坚助力，夯实乡村振兴之基。2020 年以后，以乡村振兴引领就业扶贫工作，为巩固提升脱贫成果提供新要求、新动力和新保障；三是坚持分地区逐步推进。针对地区、乡村发展基础和阶段的差异性，因地制宜、分类推进，逐步实现巩固拓展可持续就业扶贫成果与乡村振兴各项发展目标的有效衔接。

第二，要将就业扶贫战略与乡村振兴的“产业兴旺”有机融合。

产业扶贫，是在长期扶贫实践中总结出来的脱贫根本之道。习近平总书记在党的十九届中央政治局第八次集体学习时指出，“产业兴旺，是解决农村一切问题的前提，从‘生产发展’到‘产业兴旺’，反映了农业农村经济适应市场需求变化、加快优化升级、促进产业融合的新要求”。当然，产业扶贫也并不是在欠发达地区发展一个产业那么简单。产业扶贫的产业，既要适应市场，也要适应贫困人口的需要，这就是能将贫困人口安排就业的产业。乡村振兴背景下就业扶贫发展选择的难点在于，那些能安排贫困人口就业，但不适应市场、长久不了的产业不行；一些能适应市场、可持续发展，但过于“高大上”、脱离欠发达地区及其人口的实际，安排不了贫困人口就业的产业也不行。因此，产业扶贫的产业，必须适合欠发达地区和贫困人口的实际情况，既能安排贫困人口就业，也能实现持续发展，保证欠发达地区及其人口稳定脱贫，不返贫。要实现就业扶贫战略与乡村振兴的“产业兴旺”有机融合。

第三，长效就业扶贫要以“生活富裕”为最终目标。

让更多的农民生活富裕是实施乡村振兴战略的核心内容之一，就业扶贫是帮助贫困人口脱贫的重要途径。“一人就业，全家脱贫”，增加就业是最有效最直接的脱贫方式，就业扶贫通过转移就业让贫困农民获得更多的非农收入，从而达到脱贫的目的。可以说，就业扶贫的目标与乡村振兴的“生活富裕”目标一致，并通过持续性就业扶贫项目为农村居民带来可持续和稳定的生活保障，反作用于乡村振兴“生活富裕”目标。因此，二者从目标上具有高度一致性。

第四，“生态宜居”和“乡风文明”为返乡就业和创业机制营造了环境基础。

目前阶段，虽然各地为打造返乡创业环境做了大量努力，涌现了一批成功的创业典型，但诸如基层政府办事效率低、农村人情关系复杂、乡村文化生活单调，乡村产业配套欠缺等问题依旧存在，抑制了农户返乡就业创业热情。从长期来看，乡村振兴农民是主体亦是主力，乡村振兴要求打造“生态宜居”环境和“乡风文明”制度基础，将为营造拴心留人的创业环境提供重要保障。因此，要以乡村振兴为基础，为农民返乡就业和创业提供良好的制度条件和环境基础，形成正向循环，让农村居民在乡村振兴中实现自身价值。

第五，完善的就业扶贫政策体系建设是乡村振兴“治理有效”的必然要求。

乡村治理是国家治理体系的重要组成部分，治理有效是乡村振兴的重要保障。我国就业扶贫具有精确性、系统性和发展性的特点。增加贫困农民的非农就业，提高农民工的就业质量，是缓解农村贫困现象的有效手段。为保障就业扶贫成效，必须构建完善的就业扶贫政策体系。例如，从各地就业扶贫的实践经验看，“就业驿站”“点对点服务保障机制”等就业扶贫服务、后辅管理正在有序建设，恰好符合乡村振兴“治理有效”在健全自治、法治、德治相结合上的乡村治理体系的发展要求。因此，乡村振兴中的“治理有效”实际上从治理角度对进一步深化和完善就业扶贫政策体系提出了更高的建设要求。

第三部分：巩固拓展可持续就业扶贫成果与乡村振兴

第十章　巩固拓展可持续就业扶贫成果与乡村振兴有效衔接的理论探讨

针对“三农”工作，党的十九大提出实施乡村振兴战略。精准脱贫攻坚（立足于实现第一个百年奋斗目标——全面建成小康社会）和乡村振兴战略（着眼于第二个百年奋斗目标——到本世纪中叶把我国建成富强民主文明和谐美丽的社会主义现代化强国）都是我国为实现“两个一百年”奋斗目标确定的国家战略。未来几年是我国巩固拓展脱贫攻坚成果和乡村振兴战略实施并存和交汇的特殊时期。形成巩固拓展就业扶贫成果和乡村振兴战略相互支撑、相互配合、有效衔接的良性互动格局，具有十分重要的意义。

一、逻辑关联探讨

如今，我国正处在脱贫攻坚和乡村振兴战略实施的关键交汇期，在“两个一百年”奋斗目标的战略指引下，脱贫攻坚与乡村振兴两大战略在历史交汇。对两大战略，理论界和政策界初步得到的判断结果是，打赢脱贫攻坚战是乡村振兴的前提和基础，实施乡村振兴战略是脱贫攻坚的巩固和提升（张琦和孔梅，2019）；同时，脱贫攻坚具有紧迫性、突击性、局部性和特殊性等特点，乡村振兴则具有渐进性、持久性、整体性、综合性等特点（高强，2019）。故此，需要兼顾两项战略的理论起点和目标，以求同存异的思路对二者进行统筹规划。其中，若单独看减贫战略发展，一个普遍共识是2020年之后中国的贫困现象并不会消失，而是以一种新的形态长期存在（李实，2018；李小云和许汉泽，2018；魏后凯，2018），并且2020年后中国反贫困的主战场依然是农村，要聚焦在五个方面，他们分别是未来经济社会发展条件、新贫困标准的制定、城乡统筹贫困治理体系的建立、社会保障体系的建设、财政金融改革（陈志刚等，2019）。若单独看乡村振兴，韩俊（2018）提到，实施乡村振兴战略，不仅要提升农业发展质量，推动农业全面升级，而且要促进农村全面进步，实现农民全面发展，旨在从根本上解决‘三农’问题。”此外，很多学者指出除农村经济建设以外，促进农村政治建设、文化建设、社会建设、生态文明建设都是统筹推进乡村振兴的必备条件。

除了针对发展时期谈战略，从理论上捋清城乡间发展关系，更加有助于理解乡村振兴和脱贫攻坚机制构建所带来的长远意义。我们认为，两大战略的重要共性，在于其根本目标是通过为农村居民创造更好的发展路径，缩小城乡居民间的发展差距，实现共同富裕的奋斗目标。由此，两大战略的终极目标可以归纳为发展命题和对发展收敛路径的探索。实际上，上述命题在二战后期得到了广泛讨论。比如，在 Rosenstein-Rodan（1943）的发展议题基础上，一系列经济发展的结构主义方法出现，并试图找寻发展中国家的科学发展路径，为国家发展战略提供参照。其中具有典型代表性的是由刘易斯（Lewis，1954）提出的二元经济模型。该模型后来经过费和拉尼斯（Fei and Ranis，1961）以及其他学者不断完善，核心是论证工业化、城镇化发展战略对一国早期阶段经济发展的重要价值。此外，新经济地理学派克鲁格曼（Krugman，1991）提出了核心－边缘理论，该理论立足于市场接近效应、生活成本效应和市场拥挤效应三大效应，为讨论城乡发展关系提供了城乡关联平衡形态促成的发展路径的可能性。归纳起来，上述理论构想侧重城镇优先发展，完成了“先富带动后富”发展中的前两个字。然而，伴随学者对典型发展中国家发展路径的观察，城乡二元经济增长并未发挥城镇区域先富带动后富的“涓滴效应”，国家横截面实证结果显示，经济增长并不一定会带来福利水平提高（Sen，1982；Bourguignon et al.，2003；Ahluwalia，2011）。加之巴西、墨西哥等陷入了中等收入陷阱国家的经验也表明，城市化和二元转换的过程未必改善人民贫困状况，反而滋生了贫民窟问题。故此，另一派学者倡导政府引导，强调政府对农业部门的重视。回归中国国情，站在巨人的肩膀上，中国学者多数强调政府因势利导的重要作用（林毅夫，2011；王学峰，2011），强调了国家科学发展战略的重要性。

故此，我们将上述时代背景、战略逻辑和理论研究作为前提，同时有机借鉴发达国家乡村发展和农村减贫方面的经验，为我国发展战略的顺利实施献计献策。

二、理论探讨

尽管发展经济学中结构性理论和模型中对欠发达国家和发展中国家的发展路径提供有益指引，但正如前文所述，面对结构分化路径下如何收敛的问题，并没有充分讨论。即便有探讨，不是脱离了发展经济学的理论框架，就是仅仅基于经验数据讨论了共性问题，较少对具有特殊国情的案例和发展模式进行深入探讨，故对较高发展路径下的发展模式指导价值有限。

但上述研究领域并非一片空白。一些来自我国经济学者的有价值的理论探讨，为本文提供了思路。其中，胡景北（2008）构建模型讨论了经济发展成功或者结束即经济发展过程的终点应具备的特征问题，论证了在二元模型下，当工资、现代部门劳动边际生产率与农业劳动边际生产率三条曲线合而为一，经济会进入以索罗（Solow，1956）模型为代表的新古典增长时期或区间。这篇文章更重要的价值在于基于索罗模型得到农业发展模式改变的重要意义。其提出：农业高于现代部门的速度翻一倍，经济发展所需要的时间缩短一半，即农业部门生产率相对于现代部门的更快增长，对于在一定时间内完成经济发展阶段是极其重要的。而这对应到乡村振兴战略，则进一步强调了产业结构调整、产业升级、技术升级和人才、资本引入的重要意义。在此方面，林毅夫（2011）提出，经济发展是人均收入水平持续增加的过程，这个过程不仅要求现有产业必须持续引入更新更好的技术，还要求现有产业必须不断从劳动力（或自然资源）密集型产业向新的、资本密集型的产业升级，否则人均收入水平就将像索罗新古典增长模型所预测的那样陷入停滞。而一旦进入到索罗增长模型的阶段，城乡发展趋同的内在需求将是农村要素禀赋和产业结构升级，使经济达成 X- 效率性（林毅夫，2011）。这其中涉及两个问题：一方面是重要的技术、资本以及人才升级，另一方面是基础设施的有效升级。为实现上述过程，考虑到经济增长会使得现在的制度安排变得过时，因为经济增长不断改变对制度服务的需求，而制度服务在本质上却是公共品，其供给涉及集体行动，常因搭便车问题无法成功进行（Lin，1989）。为应对上述问题，政府有必要在经济发展过程中起到积极作用，以促进硬性和软性基础设置的及时改进，从而满足产业升级新的需要（林毅夫，2011）。

三、发达国家乡村发展的开启动因分析

本部分将分别列举几个典型发达国家的乡村发展，着重介绍其乡村发展的社会经济基础、发展动机，并基于此尝试提炼出对政策行动动因判断之于发展战略提出的重要基础性作用。一个基本判断是，乡村发展和减贫的制度构建需求，一定程度上源于原有制度触发了不利于增长的结果，而必须通过制度调整和机制设计，通过资源的重新配置和重组，恢复经济的增长动力。

1. 双元结构的形成

这条逻辑链条遵循如下路径：资本资源（以及其他资源）在城镇集中，促使城市的优先发展，这种发展的特点是一方面，资本创造更高的价值，形成对劳动力的更高需求。另一方面，形成了资本驱动的城市和传统农业两个部门，且城镇部门工资率高于农业部门，从而形成大量农村劳动力涌向城市的劳动力流动格局。

2. 由双元结构导致两级分化矛盾

双元结构发展模式在一定时期内（中短期）促进城镇的高速发展，带动国家整体性发展，居民福利整体性提高。但在中长期的发展路径中，往往会导致部门的两极分化格局。

3. 农村停滞发展严重到阻碍整体经济发展

从中长期来看，农村逐渐出现衰败，表现为农业产业人才流失、耕地抛荒，农村老龄化、空心化现象日益严重等内外在矛盾，农村日趋衰落给农村社会治理带来了严峻的挑战。由此，最终促成了国家调整发展战略，致力于投入更多资源发展乡村、解决贫困。以日本为例，二战后，日本经济遭到重创，社会一片混乱。日本将主要资源集中于大都市的重建，大量的农村劳动力涌向城市，从而顺利实现了自 1955 年至 1973 年长达 18 年的经济高速增长。1968 年，日本超过了当时的“西德”，成为 GNP（国民生产总值）世界第二的经济强国，完成了追赶欧美的任务。然而，城市迅速发展的另一面，是农村的日趋衰落。数据显示，1955 年到 1971 年间，工业和其他非农业就业人口增加了 1830 多万，总数达到 4340 多万人，占就业总人数的比重从 61% 提高到 85%，而同时期农业劳动力则从 1600 万人减少到 760 万人。至此，农村人口过少的现象使得日本农村面临瓦解的危机。而上述发展矛盾也成为了日本乡村发展六次产业等核心内容的最根本驱动力。

1945 年韩国光复后，经济、科技发展水平日益提高，为 20 世纪 60—70 年代的经济高速发展奠定了坚实基础，创造了“汉江奇迹”。但在工业化和城市化加速发展的同时，工农业、城乡和区域之间的发展严重失衡，贫富差距拉大，社会矛盾加剧。大批农村年轻人纷纷涌入大城市，冲击着农村原有的传统文化、伦理和秩序。上述矛盾构成了 20 世纪 70 年代韩国“新村运动”的动因。当然，比较来看，尽管都是亚洲国家，但日韩决定发展乡村经济的动机略有不同。日本构建了以产业发展为主线的政策调整思路，而韩国则更加注重精神和文化层面，由此提出了“开发精神、改善环境和增加收入三位一体”的运动。

再以欧洲国家为例，多数欧洲国家经历了工业革命、城市化发展、人口流动和农村衰败。并且多数国家经验表明，上述城乡差距无法通过市场涓滴机制自发收敛，故此政府干预几乎成为典型欧洲国家成功应对乡村衰败问题的必经之路。例如，英国作为老牌发达工业国，是较早经历了乡村衰败和贫困的国家之一，由此也衍生出英国关于乡村发展增强计划，确保营造乡村人口稳定脱贫、经济发展可持续的乡村生产体系；第二次世界大战后，法国开始了城镇化进程，大量乡村居民涌向城市，导致法国农村空心化、人口老龄化、城乡人口失衡的问题越来越严峻，阻碍了法国农业的健康发展，由此也促成法国政府开始实施“领土整治”；德国路径较为相似，1991—2013 年间，原东德地区人口减少约 200 多万，超过东德地区总人口的 10%，其乡村地区流失人口更高达 20% 以上，且呈现高度老龄化、空心化，城乡失业率和极右翼政党的支持率远远高于西德地区。为应对城镇优先发展所导致的农村欠发展问题，1936 年德国政府通过实施《帝国土地改革法》，由此开始对乡村的农地建设、生产用地以及荒废地进行合理规划。

第十一章　巩固拓展可持续就业扶贫成果与乡村振兴制度链接分析

2018 年 9 月，《乡村振兴战略规划（2018—2022 年）》中提出“推动脱贫攻坚与乡村振兴有机结合相互促进”。2021 是中国实现全面消除极端贫困的首个年份，也是乡村振兴的起步新阶段。面对扶贫与乡村振兴双向任务的重叠阶段，如何正确看待就业扶贫与乡村振兴之间的关系，促进巩固拓展可持续就业扶贫成果与乡村振兴的有机融合，是我国新发展格局下亟待解决的关键问题。

第一，巩固脱贫攻坚成果与乡村振兴衔接应遵循的基本原则。

巩固拓展就业扶贫成果是乡村振兴发展中的重要一环，也是深化乡村振兴美好结果的延伸。在把握好两大战略关系的基础上，要坚持以下三个原则，确保实现有效衔接：一是要始终坚持精准思想。脱贫攻坚就业扶贫的成效证明了精准扶贫思想的科学性，衔接过程中，要将“精准”原则贯穿巩固拓展就业扶贫成果和乡村振兴的始终；二是坚持分阶段有序化推进。2020 年之前，以就业扶贫为扶贫攻坚助力，夯实乡村振兴之基。2020 年以后，以乡村振兴引领就业扶贫工作，为巩固提升脱贫成果提供新要求、新动力和新保障；三是坚持分地区逐步推进。针对地区、乡村发展基础和阶段的差异性，因地制宜、分类推进，逐步实现巩固拓展就业扶贫成果与乡村振兴各项发展目标的有机衔接。

第二，要将巩固拓展就业扶贫成果与乡村振兴的“产业兴旺”有机融合。

产业扶贫，是在长期扶贫实践中总结出来的脱贫根本之道。习近平总书记在党的十九届中央政治局第八次集体学习时指出，“产业兴旺，是解决农村一切问题的前提，从‘生产发展’到‘产业兴旺’，反映了农业农村经济适应市场需求变化、加快优化升级、促进产业融合的新要求”。当然，产业扶贫也并不是在欠发达地区发展一个产业那么简单。产业扶贫的产业，既要适应市场，也要适应低收入人口的需要，这就是能将低收入人口安排就业的产业。乡村振兴背景下就业扶贫发展选择的难点在于，那些能安排低收入人口就业，但不适应市场、长久不了的产业不行；一些能适应市场、可持续发展，但过于“高大上”、脱离欠发达地区及其人口的实际，安排不了低收入人口就业的产业也不行。因此，产业扶贫的产业，必须适合欠发达地区和低收入人口的实际情况，既能安排低收入人口就业，也能实现持续发展，保证欠发达地区及其人口稳定脱贫，不返贫。要实现就业扶贫战略与乡村振兴的“产业兴旺”有机融合。

第三，巩固拓展就业扶贫成果要以“生活富裕”为最终目标。

让更多的农民生活富裕是实施乡村振兴战略的核心内容之一，就业扶贫是帮助低收入人口脱贫的重要途径。“一人就业，全家脱贫”，增加就业是最有效、最直接的脱贫方式，就业扶贫通过转移就业让贫困农民获得更多的非农收入，从而达到脱贫的目的。可以说，就业扶贫的目标与乡村振兴的“生活富裕”目标一致，并通过持续性就业扶贫项目为农村居民带来可持续和稳定的生活保障，反作用于乡村振兴“生活富裕”目标。因此，二者从目标上具有高度一致性。

第四，“生态宜居”和“乡风文明”为返乡就业和创业机制营造了环境基础。

目前阶段，虽然各地为打造返乡创业环境做了大量努力，涌现了一批成功的创业典型，但诸如基层政府办事效率低、农村人情关系复杂、乡村文化生活单调，乡村产业配套欠缺等问题依旧存在，抑制了农户返乡就业创业热情。从长期来看，乡村振兴农民是主体亦是主力，乡村振兴要求打造“生态宜居”环境和“乡风文明”制度基础，将为营造拴心留人的创业环境提供重要保障。因此，要以乡村振兴为基础，为农民返乡就业和创业提供良好的制度条件和环境基础，形成正向循环，让农村居民在乡村振兴中实现自身价值。

第五，完善的就业扶贫政策体系建设是乡村振兴“治理有效”的必然要求。

乡村治理是国家治理体系的重要组成部分，治理有效是乡村振兴的重要保障。我国就业扶贫具有精确性、系统性和发展性的特点。增加贫困农民的非农就业，提高农民工的就业质量，是缓解农村贫困现象的有效手段。为保障就业扶贫成效，必须构建完善的就业扶贫政策体系。例如，从各地就业扶贫的实践经验看，“就业驿站”“点对点服务保障机制”等就业扶贫服务、后辅管理正在有序建设，恰好符合乡村振兴“治理有效”在健全自治、法治、德治相结合的乡村治理体系的发展要求。因此，乡村振兴中的“治理有效”实际从治理角度上对进一步深化和完善就业扶贫政策体系提出了更高的建设要求。

另一方面，从巩固拓展就业扶贫成果对乡村振兴的意义上看，首先，单纯的乡村振兴并不能完全替代扶贫，更不能替代具有群体针对性的特惠性就业扶贫。结合发展经验，我们提出乡村发展并不必然带来贫困的消除，这就说明，在乡村振兴发展过程中，要重注长效机制的构建，并且要重视扶贫长效机制构建应具备的完整性、周期性和全面性问题。更进一步地，乡村振兴的内核包括就业和产业扶贫，但乡村振兴所提及的是更具有普惠政策的乡村发展方式，这是与贫困群体针对性的就业特惠扶贫政策不尽一致的内容。因此，我们提出不能忽略诸如公益性岗位、扶贫车间、贫困群体针对性的劳务输出等特惠型就业扶贫政策。

第二，乡村振兴主要以产业振兴为内核，以农业、农村、农民扶贫富裕能力建设发展为主旨，这和巩固拓展就业扶贫成果的主旨具有一致性。

在应对乡村衰落难题过程中，应抓住乡村产业这个“牛鼻子”，在制度和农村发展形式上加以创新，吸引城市和工业生产要素向乡村合理有序流动，促进乡村特色产业融合发展，构建现代农业产业体系，提升农产品附加值，推进农业农村领域改革与对外开放。在发展思路上，可大力培植多产业融合的乡村特色产业，合理规划产业升级，为农户和农业发展创造长效可持续的脱贫和发展路径。这与就业扶贫的具体实践方式在目标上具有一致性，在发展途径上（如扶贫车间、社区工厂、卫星工厂、能人带动等）同样具有一致性，二者可以有效衔接起来。

第三，政府引导的发展模式，对整体性乡村高效发展和迅速改变农村贫困落后局面具有决定性作用。

政府引导的发展模式，值得中国在乡村振兴和巩固拓展可持续就业扶贫成果工作中加以借鉴。基于此，我们建议要重视法律体系完善的重要性，加强乡村振兴、扶贫常规化工作的立法与“双向”机制建设。从政府引导机制上看，除了“自上而下”机制设计和引导支持，政府的引导功能还可以体现在公民参与、乡村治理，以及调动农民积极性方面。此外，要注意提升农民合作组织的组织化程度，认识到小农户是实施乡村振兴和推进农业现代化的基础。

第四，重视教育和农户技能培训，形成巩固拓展就业扶贫成果过程中的重要环节，教育扶贫在巩固就业扶贫成果中也起到重要作用，二者均具有长周期性特点。

教育扶贫在乡村振兴和巩固脱贫攻坚成果中的作用，具体包括培养职业农民、重视教育均等化发展，达到激发农民自身素质，形成自发性的内生发展机制的目标。教育扶贫在巩固就业扶贫成果中也起到重要作用，故此，在发展路径上，可以参照如德国、瑞士、法国、英国的经验，在提供全面教育补助的前提下，重视分类培养、“准入证”和“资格证”培训机制，确保农户学习到适合自己、应用性强、高质量的内容，并在培训后的工作参与中具有较高的培训后就业率。此外，如英国采取的对农户的职业培训的经验在于，长期可以从制度规定，甚至立法角度规范农民培训，推动农业劳动者和贫困群体从“体力型”向“智力型”转变；短期可以通过培养新型职业农民，将有利于使中青年重新成为农业生产的中坚力量，加快农业产业化、现代化发展，实现农户共享现代化发展成果。由此形成就业扶贫长效机制构建的有效渠道。进一步通过就业扶贫为贫困群体、低收入群体和弱势群体提供更充分的帮助①。

第五，巩固拓展就业扶贫成果是实现乡村振兴的重要途径。

与教育扶贫、金融扶贫、财政扶贫等一样，就业扶贫作为扶贫战略的重要措施之一，一直受到国家高度重视。2016 年国务院出台《“十三五”脱贫攻坚规划》，重点阐述了转移就业脱贫的重大意义和路径措施，并提出了开展就业扶贫专项行动的必要性。2017 年，国务院印发《“十三五”促进就业规划》，再次强调就业扶贫工作的重要性，明确指出要促进农村贫困劳动力转移就业，并提出实现精准对接劳务协作和政策扶持的实施细则。目前，我国农村地区约有数以千万计的农村劳动力处于失业状态或隐性失业状态，就业不充分、就业质量不高问题突出。在推进工业化城镇化发展和实施乡村振兴战略的过程中，如何为农村劳动力提供数量更多、质量更高的就业岗位，对解决农村“失业型贫困”至关重要。

① 例如，在培训方面，通过颁布《就业与就业培训法》等相关法律法规，实行就业扶贫。此外，进入 21 世纪，英国政府实行更加灵活的就业补贴制度，适应劳动力市场变化，激励劳动力就业的意愿。

第四部分：工作建议

第十二章　整体性工作思路建议

一、整体性建议性工作思路

新发展阶段下，就业帮扶工作面临四个变化。一是工作对象的变化。从脱贫攻坚时期的建档立卡贫困人口，转变为乡村所有有就业创业需求的劳动者，重点是就业困难人员（和建档立卡贫困人口有一定的重合度）。二是纲领政策方向的变化。从脱贫攻坚政策调整到乡村振兴战略。三是状态的变化。从攻坚期变为常态，攻坚期的资源投入和重视程度，在工作常态下可能会减弱。四是公共卫生风险的突发性。对此要以保民生为要义，多渠道促进就业。

结合中国国情，在把握好乡村振兴和巩固拓展脱贫成果两大战略关系的基础上，要坚持三个原则，确保实现有效衔接。在二者关系处理上需要注重的三个原则包括：一是要始终坚持精准扶贫思想。脱贫攻坚的成效证明了精准扶贫思想的科学性，衔接过程中，要将“精准”原则贯穿巩固拓展脱贫攻坚成果和乡村振兴的始终。二是坚持分阶段有序化推进。2020 年之前，以脱贫攻坚夯实乡村振兴之基，将产业兴旺、生态宜居、乡风文明、治理有效、生活富裕的乡村振兴战略总要求融入具体的脱贫攻坚行动。2020 年以后，以乡村振兴引领扶贫工作，为巩固拓展脱贫成果提供新要求、新动力和新保障。三是坚持分地区逐步推进。针对地区、乡村发展基础和阶段的差异性，因地制宜、分类推进，逐步实现衔接。整体上，尽管国际经验具有重要参考价值，但量体裁衣、因地制宜才能设计出最为合适的发展战略。在我国特殊的发展时期，巩固拓展脱贫攻坚成果是乡村振兴的前提和基础，乡村振兴是巩固拓展脱贫攻坚成果的深化和延伸。在工作层面，要做到：

一是政策层面与乡村振兴战略对接。要保持各项就业扶贫政策的相对稳定性和持续性，要结合乡村振兴战略进行谋划，强化现有就业扶贫政策与今后乡村振兴战略中就业政策的衔接，以达到“政策有衔接、经费有保障”的目的。要以城乡统筹发展为政策制定的出发点，但具体政策制定中要结合农村实际。二是逐步加大市场参与的力量。要树立并引导建立“由政府主导”逐步过渡到“政府支持、市场主导”的工作格局。特别是在就业扶贫车间建设、产业发展、劳务输出、返乡创业和能人引进等方面，要充分发挥市场的作用。三是建立健全农村公共就业创业服务体系。要紧密结合巩固就业扶贫工作、推动乡村振兴战略工作契机，拿出实招推动公共就业服务体系向基层延伸、向农村延伸，加强工作保障，切实发挥作用。最后，要做好应对突发公共危机的准备。

二、“十四五”时期的巩固拓展就业扶贫成果与乡村振兴可持续化发展思路

“十四五”时期，就业帮扶工作面临三个“变”与“不变”。一是引领政策方向的“变”与“不变”。“十四五”时期既是从脱贫攻坚政策调整到乡村振兴战略的重要过渡期，又是逐步构建缓解相对贫困体制机制的重要时期。因此未来阶段要逐步转变就业帮扶政策方向，将乡村振兴的各项要求融入到就业帮扶中来，令就业帮扶更具有可持续性，并向缓解收入差距，实现共同富裕的政策目标前进。但同时，“十四五”时期还是全面巩固脱贫攻坚成果的关键时期，这意味着要坚持把巩固脱贫攻坚成果作为本阶段的“不变”任务，重视对既有可持续就业扶贫成果的巩固，做好就业扶贫后续保障工作，确保“就业脱贫不返贫”。

二是工作对象的“变”与“不变”。要从脱贫攻坚时期的建档立卡贫困人口，转变为乡村所有有就业创业需求的劳动者，重点是就业困难人员以及相对贫困人群。从不变的角度看，“十四五”时期内帮扶对象与前期的建档立卡贫困人员有一定的重合度，意味着帮扶群体和帮扶手段有一定的重合。

三是工作状态的“变”与“不变”。中央及时提出“建立解决相对贫困长效机制”和“将相对贫困纳入实施乡村振兴战略统筹安排”要求，标志着农村扶贫工作即将步入新的阶段。对就业扶贫工作状态而言，要从攻坚期变为常态。攻坚期的资源投入和重视程度，在工作常态下可能会减弱，因此就业扶贫要更加关注向包容性发展和高质量发展方向探索前进。

基于上述判断，建议“十四五”时期的就业帮扶工作思路：一是政策层面与乡村振兴战略和建立缓解相对贫困长效机制对接。要保持各项就业扶贫政策的相对稳定性和持续性，结合乡村振兴和缓解相对贫困战略提前谋划，以达到“政策有衔接、经费有保障”的目的。二是要逐步加大市场参与的力量。树立并引导建立“由政府主导”逐步过渡到“政府支持、市场主导”的工作格局。特别是在就业扶贫车间建设、产业发展、劳务输出、返乡创业和能人引进等方面，要充分发挥市场的作用。三是要建立健全农村公共就业创业服务体系。要紧密结合巩固就业帮扶成果、推动乡村振兴战略工作契机，推动公共就业服务体系向基层延伸、向农村延伸，加强工作保障，切实发挥作用。

三、做好疫情期间的就业扶贫工作

面对疫情冲击，人社部认真贯彻中央决策部署，会同有关部门不断强化政策供给，减负、稳岗、扩就业并举，努力确保就业大局稳定。具体举措可以概括为：稳存量、扩增量、保重点、促匹配、兜底线。具体来看：

第一是稳存量。紧扣“免、减、缓、返、补”五方面政策，支持稳企业、保就业，落实中小微企业免征、大型企业减征、困难企业缓交社会保险费的阶段性政策。扩大失业保险稳岗返还受益面，用好用足促进就业的吸纳补贴、培训补贴等，综合发力帮助企业，特别是中小微企业稳定就业存量。

第二是扩增量。主要围绕政策联动、产业带动、支持自主创业、鼓励灵活就业四个方面来着力拓宽就业空间。财政、货币政策聚力支持稳就业，拉动就业能力强的投资项目优先实施，吸纳就业能力强的劳动密集型产业、小微企业优先支持，创新创业带动就业潜力加速释放。同时，灵活就业是扩就业的重要渠道，要进一步加大对劳动者就业平台的扶持力度，清理取消涉及就业的不合理限制和收费，支持多渠道灵活就业。

第三是保重点。紧紧围绕高校毕业生、农民工、退役军人、就业困难人员等群体强化精准帮扶，加速兑现国有企事业单位招聘、基层项目招录、研究生和专升本招生、就业见习等各项毕业生扩招渠道，强化政策支持、一对一帮扶，促进市场化社会化就业，为毕业生提供不断线服务。同时，落实常住地公共就业服务责任，提升均等化、便利化水平，促进农民工、低收入劳动力、就业困难人员等各类群体就业。

第四是促匹配。用足就业服务、职业培训两大手段，提升人岗匹配效率，密集开展“百日千万”等线上招聘行动，有序恢复线下服务活动，全面开通并优化线上失业登记、线上失业保险申领、线上就业补贴申办平台，扩大以工代训范围，支持企业以训稳岗、以训待岗，做实线上线下培训平台，及时发布招聘信息，让更多劳动者长技能、好就业。

第五是兜底线。牢牢兜住失业人员基本生活保障这一民生底线，全力维护社会和谐稳定。进一步扩大失业保险的保障范围，及时发放失业保险金、失业补助金，并加强与低保、社会救助衔接，切实保障失业人员基本生活。

综上，稳存量、扩增量、保重点、促匹配、兜底线的策略起到了积极作用。未来的工作难点是把各方面困难人群保障起来，扩大低保和失业保障的范围。

四、重视就业扶贫功能的可持续性

绝对贫困的消除不等同于我国扶贫及“三农”发展任务的结束。为了从根本上解决贫困问题，还要付出长期艰苦的努力。在乡村振兴战略要求下，需要思考新发展格局下如何实现就业扶贫可持续化与乡村振兴战略对接的重要议题。比如，就业扶贫政策持续性稳定性问题，政策退出过早可能会引起返贫，退出过晚又会造成资源浪费，更有可能激发非贫困人口和贫困人口的矛盾。再如，那些收入略高于建档立卡低收入人群的边缘群体缺乏政策支持的问题、巩固可持续就业扶贫成果与乡村振兴战略衔接的问题，都需要在深入总结现有工作的基础上，建立长效机制。

可持续性是任何一类扶贫政策和发展政策都要坚持的重点核心理念。在乡村振兴背景下的就业扶贫工作设计中，更是仍要坚持精准落实特惠性就业扶贫政策。理由在于，扶贫工作是一项系统工程，每个低收入人群和低收入人口都有不同的实际情况，而更好更有效的就业扶贫政策，必须因人而异、因户施策，“量身定制”个性化“精扶”措施。既做好可持续就业脱贫整体规划，更把每一个低收入人群、欠发达地区的基本情况摸准摸透，系统分析低收入人群如何能够有效通过就业的途径缓解贫困，促进增收。以此确保扶贫工作具有针对性，脱贫效果具有可持续性。

其次，要精细规划就业扶贫手段。各级各部门要在加大政策和财政扶持的同时，充分挖掘欠发达地区和低收入人群的内在发展潜力，大力推进就业扶贫模式，比如通过推动地方特色产业发展、建立卫星工厂、吸引能人、设置公益岗位、提供就业驿站的等多种方式，摒弃就业“短平快”的思想观念，用“管长远”的眼光看待农业龙头企业、致富带头人、自主创业者和务工群体的培育，稳步打造多功能就业服务驿站，扶持低收入群体参与农村电子商务，同步通过经营收益、资金入股等方式壮大村级集体经济，带动更多群众实现就业，增收致富。

五、重视教育和培训

教育扶贫是精准扶贫精准脱贫“五个一批”的重要组成部分，而职教扶贫、技能培训作为教育扶贫的具体举措，既能提高低收入人口技能水平，又能实现低收入农户稳定就业，是激发贫困群众内生动力、阻断贫困代际传递、提升脱贫质量、实现稳定脱贫的治本之策。帮助雨露计划贫困家庭学生毕业后实现有质量的稳定就业，是职教扶贫在推动教育扶贫方面的具体措施，因此，各地要把此项工作纳入到巩固拓展可持续就业扶贫成果工作的重点任务，专项部署，持续推动。而这也是未来乡村振兴背景下，探索巩固拓展教育扶贫、就业扶贫成果同乡村振兴相衔接的关键所在。具体来讲，未来阶段要做好雨露计划①贫困家庭毕业生就业帮扶工作，要充分发挥市场主体作用。一方面，要动员组织一批发展良好、社会公信力高的企业，提供优质的就业岗位。另一方面，要用好信息化手段，充分发挥互联网招聘平台“线上”招聘优势，通过大数据分析，针对学生的不同特点提供就业推荐、就业指导和就业帮扶。从政策执行上看，截至 2018 年底，全国累计补助贫困家庭新成长劳动力 528 万人，中职教育 276.4 万人，高职教育 198.8 万人，技工教育 52.8 万人。未来

① 以“雨露计划”为例，该项计划是国务院扶贫办组织实施的人力资源开发项目，通过组织农村贫困家庭新成长劳动力接受现代职业教育进行补助的方式，为贫困家庭新成长劳动力接受职业教育创造条件，提高贫困人口技能水平，提升人口素质，促进贫困人口稳定就业、持续增收，激发贫困群众内生动力、阻断贫困代际传递，实现一人就业，全家脱贫的目标。结合既有政策，国务院扶贫办等部门联合印发了《关于加强雨露计划支持贫困家庭新成长劳动力接受职业教育的意见》，全力推动贫困家庭学生接受职业教育实现技能脱贫，明确贫困家庭子女接受职业教育，在校期间原则上可按每年 3000 元左右的标准直补到户。

阶段，我们建议这项政策可以适当延伸到相对低收入群体，甚至可以延伸到部分城镇低收入人群，将这项特惠性政策进行适当普惠性发挥。其一，重视教育发展，提升低收入人口人力资本水平和参与就业能力，有效避免贫困农户下一代的“代际贫困”问题。发展能力的提升是反贫困政策设计中的重要环节。其中，低收入人口自我脱贫能力和人力资本的构建尤其重要。在此方面，教育和就业培训则具有需要政府在公共品、公共服务和基础设施建设上的责任和义务。在教育方面，可参照英国“教育行动区”经验或者德国的分类教学经验，为低收入人口提供平等的受教育的机会；在培训方面，可通过颁布《就业与就业培训法》等相关法律法规实行就业扶贫。此外，地方政府还可以实行更加灵活的就业补贴制度，适应劳动力市场变化，激励劳动力就业的意愿。其二，重视教育和培训在乡村振兴和巩固拓展可持续就业扶贫成果中的作用。我们建议，重视培训和就业维度，拓宽农村地区农户的多维发展渠道，从而为农村居民脱贫、发展提供持续性动力源泉。对农户的职业培训的经验在于长期角度，可以从制度规定，甚至立法角度规范农民培训，推动农业劳动者和贫困群体从“体力型”向“智力型”转变；短期角度，培养新型职业农民，将有利于使中青年重新成为农业生产的中坚力量，加快农业产业化、现代化发展，实现农户共享现代化发展成果。由此形成巩固拓展可持续就业扶贫成果的有效渠道。由于中国长期受到城乡二元结构的影响，城乡发展的不均衡导致人才大量流入城市，农村发展的人才基础面临瓶颈，因此政府在乡村振兴前期应发挥主观能动性，通过增强人力和财力的投入，尽可能地补足农村的人才短板。我国应当在教育脱贫攻坚的良好基础上，更加重视地区内的教育均衡化水平，采取城乡统筹，大力推进教师全域轮岗，加强农村地区远程教育水平，切实提升农村地区基础教育质量。同时强化职业教育和高等教育的涉农专业建设，为培养新型农民提供有力支撑。

六、做好易地扶贫搬迁就业帮扶工作

目前易地扶贫搬迁已近尾声，就业帮扶等后续扶持工作十分迫切。从了解的情况看，搬迁人口七成集中在西部地区，五成集中在800人以上的大型安置区，万人以上的大型安置区超过50个。他们的就业问题解决不好，不仅会影响脱贫攻坚成效，也会对当地带来就业压力，引发失业率攀升，特别是会在一些点上造成失业人口大量集聚，带来社会治安、城市贫困等问题，成为就业和社会稳定新的风险点。要高度重视，落实好四部门联合印发的通知。要抓紧与扶贫、发改等部门做好信息衔接，掌握本地区易地扶贫搬迁人口的基本情况；要拓宽就业渠道，预留岗位优先吸纳一批，预留场地支持创业一批，有组织劳务输出一批，开发公岗安置一批；实施就业服务属地管理，在安置区设立公共就业服务站或窗口，对万人大型安置区制定“一区一策”帮扶方案，提供点对点服务，防止出现集中失业情况。开展大规模职业技能培训，推动应培尽培，在提高搬迁人口技能水平的同时，提高其适应城市生活的综合素质。

七、超常规举措巩固拓展“三区三州”深度贫困地区就业扶贫成果

深度贫困地区基础差、底子薄，致贫原因复杂，是巩固拓展脱贫攻坚成果的关键区域。2020年中央财政对“三区三州”针对性下达就业补助资金，分配资金增幅达90%，2020年就业补助资金分配也特别体现了对深度贫困地区的重点倾斜。相关省份需要加大工作指导推动力度，细化实化攻坚举措，集中优势兵力，坚持以落实政策为主渠道，进一步优化政策办理和资金拨付程序，提高资金使用效率，既要防止简单花钱，“一兜了之”，也要防止“钱趴在账上”，形成新的结余。要发挥政策引导作用，多采取生产奖补、劳务补助、劳动增收奖励等方式，充分激发贫困群众内生动力，形成有劳有得，多劳多得的正向激励。对口援助要更加聚焦，持续加大劳务对接力度，组织低收入劳动力外出务工。

八、跟踪服务稳定岗位

在当前外部环境复杂多变的大背景下，需要重点关注受经贸摩擦影响企业里的贫困劳动力稳岗工作。劳务输入地要尽最大努力把失业人员稳在当地，在同等条件下，优先落实常住地失业登记和管理服务，按规定发放失业保险待遇，优先推荐岗位、优先开展有针对性的转岗转业培训，促进尽快转岗就业。对确实无法留在就业地的，劳务输出地要加强与输入地的信息对接，完

善支持就近就地就业特别是返乡创业政策措施，发展扶贫车间吸纳一批，通过公益性岗位托底安置一批。

九、不折不扣完成巡视整改任务

一是要进一步提高政治站位。要持续学习领会习近平总书记关于巩固拓展脱贫攻坚和就业扶贫成果工作的重要论述，从政治和全局高度深刻认识党中央开展脱贫巡视的重大意义，既要保持定力、坚定信心，又要纠正偏差、改进工作，更要结合当前开展的“不忘初心，牢记使命”主题教育活动，进一步强化政治担当，密切联系群众，守初心、担使命，找差距、抓落实。二是要进一步完善政策。巡视反馈以来，人社部已经会同发展改革委、财政部、国务院扶贫办出台了做好易地扶贫搬迁就业帮扶工作的通知，明确支持政策和工作要求。同时，与国务院扶贫办出台进一步做好就业扶贫工作的通知，对巡视发现的扶贫车间带贫效果不明显、激发劳动者内生动力不足等问题逐一提出改进措施。各地也要在抓好贯彻落实的同时，结合当地实际完善本地就业扶贫政策。三是要进一步改进就业服务。要重点解决劳务协作中招聘会场次多、提供岗位多，但针对性不强、低收入劳动力实现就业不多的问题。要办好招聘会，有条件的可多开展远程招聘；做好信息核查，多提供年龄要求宽、技能要求低、薪酬待遇合理的岗位。搞好跟踪服务，扶上马送一程，帮助达成意向的低收入劳动力上岗就业。要加强培训和创业服务的联动，在创业培训后要跟进落实扶持政策、创业服务，提高创业成功率；在技能培训后要跟进落实职业介绍、职业指导等服务，提高培训后的就业率。

十、权衡特惠性和普惠性就业政策导向

一方面，政府要为本地企业制定优惠政策，通过用人补贴的方式，弥补企业用人损失，鼓励企业更多吸纳本地低收入农户。另一方面，推动就业特惠性政策向普惠性政策转变。具体来看，第一，要保留扶贫车间、社区工厂、卫星工厂、劳务输出、公益性岗位和就业驿站对贫困户、低收入群体在招聘名额等方面的特惠性优待，但同时也要逐步将上述农村地区的基础性产业进行市场化管理和运作，令其充分融入到市场竞争环境，在管理机制和务工机

制上建立其质量和效率优先的制度，也只有这样才能巩固和保护产业的发展，从而形成产业自身的内生动力，从而逐渐摆脱对政府支持和转移支付的依赖。第二，对能人带动、返乡创业、自主创业等就业扶贫的支持，要将其做普惠化推广。理由在于在未来衔接乡村振兴发展的过程中，人才振兴是重要层面。第三，必须践行“普惠性＋分类实施兜底保障式扶贫”，作为包括就业扶贫等各项扶贫手段的兜底和补充。

我们提出，要从开发式扶贫为主转向保障式和公益式扶贫并重，针对完全或部分丧失劳动能力的特殊低收入农户，采用建档立卡方法，开展精准识别、动态调整，做好农村最低保障工作精细化管理，将短期扶助措施转型为综合保障长效帮扶机制，把符合条件的特殊群众全部纳入保障范围。具体有以下几点：第一，对农村残疾群体实施特殊保障。加大对农村重度残疾人的医疗救助力度，全面落实生活补助和护理补助，尤其是对农村严重精神障碍患者给予特殊补助，并依据物价水平定期调整补助标准，做好扶贫政策与社会救助政策的衔接。第二，完善农村最低生活保障制度。精准核算低保对象家庭收入，既不算空账，也不算漏账，逐步提高农村低保供养水平。强化低保制度和扶贫开发政策的有效衔接，建立标准动态调节机制，加快形成两项政策的数据互通、资源共享机制。第三，建立农村分散供养照料制度。因地制宜通过政府购买服务、合作互助帮扶、设置公益岗位等方式，将无人供养的特殊群体纳入供养照料体系。第四，建立农村“三留守”群体关爱制度。重点解决好农村留守儿童分类保障、农村留守妇女权益保护和农村留守老人生活照料与养老服务等突出问题，健全农村“三留守”群体关爱服务体系。第五，创新兜底保障方式。加强各级财政投资形成的资产和收益管理，深化集体产权制度改革，确保收益资金专项用于特困群体的兜底保障。

现如今，我国已经具备从“允许一部分人先富起来”向“共同富裕”过渡的经济和社会发展基础。在关键时期的决策和战略发展目标，将决定国家和民族的发展方向。我们认为，乡村振兴是一条利国利民的发展道路；巩固拓展可持续就业扶贫成果则是通过最有效且最具有可持续性的手段来帮助最底层迫切希望发展的群体走向共同富裕之路的有力手段。基于我国已有就业扶贫的路径、成功经验和教训，将以前人之路为我国后续发展提供一定程度上具有价值的思路。我们期寄上述价值能够借由本书所体现。

第十三章　具体政策措施建议

一、做好与乡村振兴的衔接

第一，加强顶层设计。

把巩固拓展可持续就业扶贫成果作为重要内容，纳入国家“十四五”扶贫工作规划，通过统筹谋划好“十四五”期间巩固就业扶贫成果的各项精准举措，夯实巩固脱贫攻坚成效的坚实基础。适当延长就业扶贫政策期限。建议继续沿用部分针对性较强的现行政策3—5年，巩固拓展就业扶贫成果。

第二，规范就业扶贫车间政策。

建议有效整合规范扶贫车间激励政策，促进其规范可持续化运行。要引导扶贫车间走市场化的路子，逐步减弱“政府补助扶持”力度；政府由直接补助扶持政策逐步向支持创业、鼓励产业发展等政策过渡。要加强对扶贫车间就业人员的培训，提升技能，提高就业能力。

第三，公益性岗位设置要向乡村振兴靠拢。

公益性岗位设置，从建档立卡弱劳动力就业安置思路逐步调整到促进乡村振兴发展的思路上，成立“乡村振兴公益性岗位”。针对公益性岗位安置人数很多的深度贫困地区，可以通过培训等方式，逐渐将部分较强的劳动力引导到其他就业岗位，实现公益性岗位“过渡”的功能，逐步减少公益性岗位人员存量，缓解财政经费支出压力。

第四，劳务输出要充分发挥市场引领机制。

逐步把“政府主导”方式转变为“市场主导、政府支持”方式，鼓励和支持市场化中介机构、劳务经纪人等开展劳务输出工作。要继续发挥东西部劳务协作机制；要加强青年人（初中、高中毕业生，两后生等）的培训和劳务输出工作。

第五，重点推动返乡下乡创业工作。

要基于乡村振兴工作需要，结合地方产业发展情况，继续大力推动返乡下乡创业工作，创造更多就地就近就业岗位。

第六，要结合产业发展鼓励就地就近就业。

要结合农村实际，研究制定支持就地就近就业的政策，要大力发展农民工就业容量大的第三产业、中小企业和劳动密集型产业，实现农民工就业规模的持续扩大。同时要按照市场规律办事，扶持农民工返乡创业，可适当加强“一产”就业的标准和就业创业政策的支持力度。

第七，加强就业信息科学监测。

对低收入劳动力开展信息化管理。围绕建档立卡人员“进、管、出”三个环节，构建就业扶贫数据监测平台，提供“点对点”精准就业服务。

二、应对疫情冲击的巩固就业扶贫成果政策建议

第一，针对企业经营者的救助政策。

针对企业经营者，人社部打出了“免、减、缓、返、补”一系列组合拳。一是“免、减”，就是指阶段性地减免企业养老、失业、工伤三项社保的单位缴费部分，包括有雇工的个体工商户也可以享受这项政策。其中，中小微企业免征5个月，大型企业减半征收3个月，湖北省各类参保企业免征5个月。截至4月底，一共减免三项社保单位缴费3402亿元，其中，中小微企业被减免的额度是2696亿元，占整个受益面的80%。预计上半年总共减免额度将超6000亿元。这些政策都是真金白银，可以实实在在减轻企业负担，特别是中小微企业的负担，帮助其渡过难关。二是“缓”。是指允许受疫情影响生产经营出现严重困难的企业缓缴社保费，缓缴期间免收滞纳金，并放宽社保缴费时限要求。到4月底，已经阶段性缓缴社会保险费约354亿元。三是“返”。是指加大失业保险稳岗返还的力度，对暂时生产经营困难且恢复有望、坚持不裁员或少裁员的参保企业，放宽认定标准，将返还标准最高提至企业及其职工上年度缴纳失业保险费的100%。截至2020年4月底，已经为345万户企业发放稳岗返还补贴465亿元，惠及超9000万的职工，对企业的惠及面已经超过去年的3倍。四是“补”。是指用好用足培训补贴、求职创业补贴、吸纳就业补贴等政策，扩大以工代训的范围，支持劳动者提高技能、就业创业，

鼓励企业开展培训，吸纳就业。目前，仅一季度就发放了就业补助金近 100 亿元，向困难毕业生发放求职创业补贴 12.8 亿元。

总之，企业在、岗位在、就业就在。下一步的难点是研究怎样让这项好的政策尽可能地再延长执行一段时间，以切实减轻企业的负担。同时也要尽快推动以工代训、以训稳岗实施，落实各项对企业的补贴政策，帮助企业尽快恢复生产经营，着力稳企业保就业。

第二，针对面临失业风险劳动者的救助政策。

针对企业经营困难所带来的劳动者失业风险，人社部的应对策略是：促进失业人员再就业，扩大失业保险的保障范围。主要做法包括：畅通入口，完善失业登记统一平台。人社部开通了失业登记全国统一入口，失业人员可以通过手机、电脑等提交失业登记的相关申请，查询审核办理的有关进度，足不出户即可掌上办理失业登记。同时，失业人员也可以登陆各地线上失业登记平台，或者到当地的公共就业服务机构现场办理。优化服务，享受四项免费的就业服务。包括就业创业政策法规的咨询、相关扶持政策的受理服务，人力资源市场的供求信息、职业培训、见习岗位等信息服务，职业介绍、职业指导、创业开业指导，失业人员中的就业困难人员可申请针对性的就业援助。强化扶持，按规定申请相关扶持政策。自主创业的，可以申请创业担保贷款及贴息，额度最高可以达到20万元。吸纳登记失业半年以上人员的企业，可按规定申请一次性吸纳就业补贴。中小微企业吸纳登记失业人员开展以工代训的，还可以申请职业培训补贴。提供保障，参加失业保险的登记失业人员可以同步申领失业保险金。结合上述工作手段，下一步的工作重点难点是按照《政府工作报告》的部署要求，扎实做好失业人员的再就业工作，确保失业人员求助有渠道、就业有门路、生活有保障，助力更多的失业人员再就业敢创业。

第三，针对高校毕业生的就业压力舒缓政策。

针对高校毕业生的就业压力问题，第一，要扩大企业就业规模。企业是吸纳就业的主渠道，采取措施鼓励中小微企业吸纳就业，给予一次性就业补贴，对企业招收毕业生开展以工代训的，给予职业培训补贴支持，同步扩大国有企业招聘规模。通过稳定企业就业这个主渠道，稳定高校毕业生就业。第二，要扩大基层就业规模。有序启动机关事业单位、基层服务项目笔试面试，扩大招聘招募规模。比如“三支一扶”项目，平常往年要招 27000 人，

2020年进一步扩大规模，招到32000人，扩大了近两成。同时，扩充中小学和幼儿园教师队伍，这样不仅是解决高校毕业生就业的问题，也把基层公共服务的一些短板补上。支持先上岗再考证，更加有利于高校毕业生尽快地到这些岗位工作。开发更多城乡社区服务、基层医疗、科研助理等领域的岗位吸纳毕业生就业。第三，要扩大自主就业创业规模。实施高校毕业生创业支持计划，加快落实创业担保贷款、免费场地支持等措施，扩大创业带动就业。鼓励发展平台经济，落实社保补贴政策，支持灵活就业。第四，要扩大升学入伍规模。教育部对扩大研究生、专升本招生规模都有具体的措施，为毕业生提供更多升学深造的机会。第五，要扩大见习培训规模。多渠道募集优质见习岗位，给予见习单位补贴支持，鼓励留用见习生。实施专项培训计划，拓展岗位培训、技能研修，助力毕业生以一技之长实现就业。此外，通过“两个强化”（强化就业服务和强化兜底保障）来形成持续稳定的毕业生就业服务供给链条。其中，强化就业服务是指持续不断地开展网络招聘，包括和人民网等单位一起合作，用一百天时间提供上千万个岗位的网络招聘活动；同时有序恢复线下招聘活动，促进更多毕业生在离校前落实就业岗位。对离校时尚未落实工作的，全面纳入实名制管理，开展百日攻坚行动，延长报到接收、档案转递、落户办理的时限，确保服务不断线。强化是强化兜底保障，是指对于建档立卡贫困大学生，实施专项帮扶行动，开展“一对一”援助，力争帮扶举措到位，稳定就业到位。疫情期间湖北高校毕业生受影响比较大，对此人社部启动以“情系荆楚，就有未来”为主题的专项行动，加大政策服务倾斜，促进尽快就业。

第四，针对个人技能提升。

除了扩增岗位等举措，提高个人技能也比较重要。对此，人社部开展了网络培训，实施了“互联网+职业技能培训计划”，开展了百日免费线上技能培训行动，这些活动主要是避免人员聚集的风险，使优质的培训资源能够有效传递到每个有学习意愿的劳动者，成为引领职业培训的新动力、新模式。主要举措包括：一是不断扩大培训的供给。开通了“学习强国”技能频道、“中国职业培训在线”“中国国家人事人才培训网”“技能大师在线培训”等线上的培训平台，对劳动者免费开放重点培训课程。我们还向社会遴选推荐了54家线上培训平台机构，同时，组织各地加强线上平台的建设。目前，省级层面已经累计采纳了线上的培训平台1675个。地市级层面累计采纳了1839

个，形成了市场主导、特色发展的多层次线上培训的平台布局。二是提供定制化的培训服务。线上培训能够打破地域、时空限制。在线上培训过程中，劳动者可以根据需要，在平台完成实名注册，结合平台的学习计划，居家在线进行远程学习，实现居家学技能的效果。同时，线上平台还具有面向企业和培训机构开班申请的功能，也就是能够针对企业、培训机构，开展精准化的培训服务。

第五，“互联网 + 就业”扶助政策。

在特殊时期，互联网发挥了举足轻重的作用。不光是线上培训，网络招聘也发挥了很重要的作用。从现有举措及其成果上看，“百日千万网络招聘行动”，发挥政府市场合力，为劳动者提供千万岗位信息，畅通企业复工复产用工渠道，促进经济运行“微循环”。其特点是：岗位信息量大、招聘场次丰富、市场参与度比较高、线下招聘持续发力、活动受到社会广泛关注。

第六，湖北地区就业人员的特惠政策。

各级人社部门携手湖北，细化实化强化系列举措，全力帮助湖北的劳动者就业创业。具体来讲：一是政策支持。对湖北地区和湖北籍 2020 届高校毕业生发放一次性求职创业补贴，给予“三支一扶”名额倾斜、社区工作人员招聘倾斜、省内事业单位专项招聘。二是对接支持。目前，天津、上海、江苏、浙江、福建、广东六省份已经与湖北省建立了劳务协作的对接机制，通过定向招聘、组织返岗等方式，吸纳湖北籍劳动者，特别是建档立卡贫困劳动力到协作省份就业。截至 2020 年 5 月 20 日，上述省份已累计接收 406 万湖北籍劳动者返岗就业，其中广东 136 万人、浙江 52 万人、江苏 29 万人。三是岗位支持。在“百日千万网络招聘专项行动”中专门设立湖北专场，已经累计发布湖北地区企业招聘信息 39 万条。同时，广东、浙江、江苏等用工大省还专门开展了面向湖北劳动者的专场招聘活动。四是权益支持。主要是规范招聘行为，明确提出“三个不得”，即服务机构、用人单位不得发布拒绝招录疫情严重地区劳动者的招聘信息，不得以来自疫情严重地区为由拒绝招用相关人员，对疫情导致暂不能返岗提供正常劳动的不得解除劳动合同或退回劳务派遣用工。对于举报投诉，各级人社部门也将快速受理、及时处置，切实保障包括湖北籍劳动者在内的广大劳动者的合法权益。

第七，针对低收入劳动力的就业扶贫政策。

2020 年是决战决胜脱贫攻坚的收官之年，在低收入劳动力的就业工作进展方面，就业是贫困劳动力增收脱贫、贫困人口稳定脱贫的重要渠道。各级人社部门会同有关方面协同发力，出台了鼓励吸纳、帮助外出、兜底保障等扶持政策，特别是在疫情比较严重的时期，通过“四个优先”的措施办法，确保带贫主体优先复工、贫困劳动力优先外出、市场主体优先吸纳、就业服务优先提供，促进了一批贫困劳动力就业。截至2020年4月30日，全国贫困劳动力外出务工达到2604万人，已经达到了去年的95.4%，就业扶贫工作总体进展好于预期。但也要看到，贫困劳动力技能水平相对比较低，就业竞争力比较弱，受疫情冲击影响比较大，稳定就业面临着严峻挑战，就业扶贫的任务依然非常艰巨。人社部门应会同有关部门，坚定信心、保持定力，变压力为动力，努力克服疫情的影响，力争有劳动能力和就业意愿的贫困劳动力都能实现就业，以就业促增收，以就业稳脱贫。

具体来说，是“四个坚持”：一是坚持外出优先。始终将促进贫困劳动力外出务工摆在突出位置，抓住全国复工复产进度加快的有利时机，优先组织贫困劳动力外出务工，促进就业，增收脱贫。二是坚持“稳”字当头。发挥政策合力效应，全力以赴把贫困劳动力稳在企业，综合施策把贫困劳动力稳在当地。第一条措施是要“出得来”，第二条是要“稳得住”，要把贫困劳动力尽可能地稳在企业，稳在当地就业。同时对一些就业确实比较困难，而且返乡意愿比较强的贫困劳动力，积极稳妥承接，做好返乡就业的相关工作。三是坚持精准服务。准确掌握贫困劳动力就业动态，无论是劳务输出地还是输入地，都要准确掌握他们的动态，确保岗位收集最大化，力争政策落实最到位，持续推进“点对点、一站式”集中输送到岗。四是坚持突出重点。重点包括：一个是湖北省，一个是“三区三州”等深度贫困地区。着力推进东部六省市支持湖北“6+1”，就是东部6个省市加湖北的劳务协作行动、易地扶贫搬迁就业帮扶专项行动，对深贫地区、深贫人口给予最大的支持。

三、自主创业巩固拓展就业扶贫成果政策建议

1. 完善农民创业扶贫政策，保障创业扶贫规范发展

国家出台相关政策支持农民工创业，希望能通过创业带动就业，解决当地的贫困问题。为此，各省市出台了一系列支持农民工返乡创业的扶持政策，但从目前来看，并不是所有的农民工创业扶持政策都发挥了应有的效力。第

一，政策针对性不强。虽然政府高度重视农民工返乡创业问题，但在制定农民工返乡创业政策过程中，缺乏深入的调查研究和具体分析，导致很多政策就是将招商引资和大学生创业政策简单的拼接起来，没有考虑农民工这一特殊群体返乡创业的政策需求。第二，政策间未形成合力。精准扶贫政策作为农民工返乡创业政策的有效补充，还仅停留在初步探索和小范围的尝试上，还未形成农民工返乡创业与就业扶贫的良性互动。

当前，中央和各级地方政府虽然相继出台了一系列扶持农民创业以及推进扶贫开发工作的政策，但这些政策基本上都是独立制定并施行的。因此，要将扶持农民创业的保障机制融入扶贫开放政策，在农民创业与扶贫开发的融合发展中去完善农民创业扶贫政策。一方面，要完善人口瞄准机制。农民创业扶贫政策应效仿精准扶贫政策的瞄准机制，定向服务于创业扶贫对象。创业扶贫对象主要包括两类人群：一是农村中有创业意愿的低收入人口，对这类人群，要加强对其是否具有创业意愿的前提调研；二是有创业意愿并带动了部分低收入农户就业或创业的农村人口，对于这类人群，要在了解其创业需求的基础上增加创业条件（如创业资金、创业人力资本等）的考察，通过建立扶贫信息网络系统对其进行动态管理。另一方面，要结合农民创业需求和扶贫政策来健全农民创业扶贫政策。农民创业扶贫政策是为了更好地帮助贫困地区农民实现创业减贫实践，并扩大贫困地区农民创业减贫效应而制定和实施的。因此，农民创业扶贫政策应在扶贫开发政策的创新过程中尽可能多地去了解并满足农民创业者的创业需求。具体来说，地方政府可通过经验交流会、农民创业者表彰会、农民创业者联谊会等形式了解正在创业农民的创业困境和准备创业农民的创业需求，以农民创业者的创业困境和创业需求为依据来制定农民创业扶贫政策；也可通过课题招标的形式委托相关领域的专家学者在广泛调研的基础上深入研究农民创业扶贫专题，从专家学者的研究成果中获得制定农民创业扶贫政策的参考意见和依据。

2. 构建农民创业外部支撑体系，破解农民创业实践困境

目前涉及农民创业的保障服务机制还不够健全，各地对创业的统筹谋划和服务缺乏针对性。特别是贫困地区，由于经济发展相对滞后，基本没有专门面向农民创业的服务部门，难以为农民创业提供产前、产中、产后的技术指导和服务保障。同时，当地财政本身“吃紧”，对农民创业补贴支持相对较少，导致贫困地区农民工返乡创业氛围及发展程度普遍不够。长期以来，融

资难和融资成本高的问题始终是困扰农民工创业的首要问题。农民创业一直存在规模小、资产少、可抵押的资产不足的现实，大多创业企业都存在自身流动资金不足的缺陷，使得返乡创业农民经济压力大，也在一定程度上影响了企业的可持续发展和成长。

农民创业意愿的实现既离不开农民创业者自身资金、技术和经验等个人资本的积累，也离不开外部支撑体系的保障。因此，要通过构建农民创业的资金支撑体系和人才支撑体系来有效破解农民创业者在创业实践中所面临的资金不足、人才缺乏等主要困境。一方面，要构建农民创业资金支撑体系。有关农民创业的资金支持方式主要包括直接资金支持、创业项目支持以及融资支持等方式。在直接资金支持上：一是政府可划定一定比例的支持农民创业的资金和扶贫资金来设立创业补贴，对首次领取营业执照并正常经营 1 年以上的第一类创业扶贫对象给予一次性创业补贴，对首次领取营业执照、吸纳已识别低收入农户且与其签订 1 年以上期限劳动合同的第二类创业扶贫对象，按照其所创造的就业岗位数量给予一次性创业岗位开发补贴；二是政府可整合通过财政补贴、成功创业者捐赠以及社会各界捐赠等形式收集的资金设立农民创业互助基金，对凡是与政府签订书面协议承诺在创业成功后愿意无条件地捐赠高于自己曾经享受过的农民创业互助基金额度的善款的创业扶贫对象给予创业互助基金支持。在创业项目支持上，政府可将部分合适的政府建设项目给予有创业基础的创业扶贫对象，或者让条件成熟的创业扶贫对象参与到政府的建设项目中去。在融资支持上，政府部门可划定部分支持农民创业的资金和扶贫资金来设立担保基金，委托创业贷款担保机构提供贷款担保，由金融机构针对农民创业者的创业特点和需求来创新金融产品，以破解农民创业者的融资瓶颈。另一方面，要构建农民创业人才支撑体系。一是要加强贫困地区农民职业技能培训和创业培训。在培训费用上，政府应将贫困地区农民培训经费纳入财政预算，为贫困地区农民提供免费培训。另外政府可划定部分支持农民创业的资金和扶贫资金来设立培训补贴和奖励，提高贫困地区农民参与培训的积极性。在培训课程上，结合贫困地区自身发展特色、农民创业者以及贫困农民实际情况，有针对性地开设种植、养殖、建筑、农产品加工、服装加工、家政服务、互联网应用等职业技能培训和创业培训课程。在培训模式上，政府部门可联合各类科研机构、职业培训机构、金融组织、行业协会以及农民创业成功者共同搭建贫困地区农民培训网络，采取集网络授课、农民创业微信公众号、面对面讲座以及农民创业交流会等培训模式为一体的线上线下培训并行模式。二是要鼓励并引导高素质专业人才“下乡”发展。地方政府可通过一系列优惠政策来吸引人才“下乡”发展。如将进入农民创业者所创办企业工作的高校研究生列入“人才引进计划”，高薪聘用农业职业经理人、已退休或有志于返回农村工作的党政干部、优秀学者到农村贫困地区发展，用他们先进的专业技能、丰富的管理经验、广泛的人脉关系以及丰富的法律政策知识助推农民创业。

3. 培育农民创业扶贫软环境，生发可持续的减贫力量

政府对扶持农民工返乡创业政策的宣传力度不够，导致农民对创业存在疑虑。由于长期在外地工作，大部分农民工对本地的创业扶持政策知之甚少，缺乏必要的了解渠道；同时，通过发放传单、电视宣传等大面积“撒网式”宣传，缺少精准性，大部分农民工对相关创业扶持政策的细节往往不了解，不利于政策发挥其应有的作用。另一方面，多采取集中短时宣传模式。在创业扶持政策宣传中，缺乏长期、持久的宣传，往往在某一特定时间内采取集中宣传的方式，时间一过，宣传活动就处于停滞状态，没有循序渐进进行宣传，难以将政策有效地传递给有创业需求的农民工。另外，对农民思想观念更新的宣传也不够，这是更深层的问题。习近平总书记指出，“弱鸟可望先飞，至贫可能先富，但能否实现‘先飞’‘先富’，首先要看我们头脑里有无这种意识”。为了进一步加强农民工返乡工作，必须着力解决“农民工返乡创业能脱贫但不能致富”等狭隘思想，增强农民工返乡创业意愿，为实现“先飞”“先富”奠定思想认识的基础。

农民创业扶贫软环境是贫困地区农民个体在创业过程中形成的创业扶贫理念和在社会多方力量作用下形成的创业扶贫文化的总和。良好的创业扶贫软环境不仅有助于贫困地区农民摆脱心理贫困，树立主体性意识，也有助于培育创业文化，形成多元复合、协同互动、合作共治的扶贫治理体系。一方面，要强化农民个体的创业扶贫理念。强化贫困地区农民的创业扶贫理念，关键在于增强贫困地区农民的主体性，破解他们的心理贫困问题。贫困地区农民的心理贫困内嵌于社会文化结构中，是在政治、经济、文化以及社会环境等多因素的共同作用下形成的。破解这一问题离不开国家和社会在宏观层面上的努力，同时贫困地区农民个体的自身努力也尤为必要。一是要注

重主动学习。农民创业者要主动加强与创业相关的理论学习，比如财务、市场经营与管理、社交礼仪、信息化应用等方面的理论知识；要通过自考、函授等学习方式来提高自身文化水平；要通过职业技能培训、向专家学者和经验人士请教以及实践操作等方式来提高职业技能。二是要注重自我推荐。农民创业者要增强自信心，善于总结有关创业的经验教训，通过了解和关注政府未来发展规划和方向以及政府所制定的有关支持农民创业的最新政策并及时主动地把自己创业的有关信息上报政府相关部门，以争取来自政府和社会各界的支持和帮扶。三是要注重组织融入。农民创业者可自行协商并组织成立行业内或跨行业、跨地区的农民创业者协会，增强自身的归属感和组织荣誉感；可通过农民创业者协会来加强创业交流与合作，提高其依靠创业脱贫致富的能力。另一方面，要营造农民创业扶贫的浓厚氛围。就政府而言，要设立专门针对农民创业者的服务平台，为农民创业者在规避创业风险、选择创业项目等方面提供指导，在土地租赁、创业融资、工商登记、税收缴纳等方面提供便捷渠道；要牢固树立服务意识，明确角色与定位，从以往的管理型政府向服务型政府转变，为农民创业者提供一个良好的行政环境。就社会媒介而言，要提高对农民创业者的关注度，充分发挥电视、广播、报刊、标语等传统媒介和微信、微博、论坛等网络媒介的宣传推荐作用。具体来说，通过宣传农民创业扶贫模式的现实意义来加深社会各界对农民创业扶贫模式的了解并吸引更多的社会力量来帮扶农民创业；通过宣传农民创业扶贫政策来帮助贫困地区有创业意愿的农民或农民创业者及时、全面了解有关创业的各项优惠扶持政策；通过宣传农民创业者的成功经验和扶贫成效来形成示范效应，鼓励并带动更多的农民参与创业实践。就农民创业者而言，要自觉承担起农村扶贫开发的社会责任和建设任务，主动向农村贫困人口提供力所能及的各种帮助（如介绍创业经验、提供技术指导、提供创业资金、提供就业岗位等），促使更多的农村贫困人口通过创业就业实现脱贫致富。

四、产业依托型巩固拓展就业扶贫成果政策建议

1. 加强金融扶持，扩展资金渠道

无论发展何种产业，都需要大量资金的支持。购买设备、引进技术、聘

请技术人员等等，每一个产业建设，都离不开资金。目前，在我国欠发达地区开展产业发展相关工作，项目资金来源具有很强的政策性，主要依靠政府机构财政拨款。由于资金渠道较为单一，资金数额自然也较为有限，对于产业规模扩大、引进新技术和优秀人才等产业建设工作，仅仅依靠政府财政拨款可以说是杯水车薪，很难真正有效推进产业扶贫工作的发展。资金短缺会导致未来阶段，欠发达地区的发展难以持续，前期的产业脱贫成果难以巩固。

要在未来阶段实现欠发达地区的产业兴旺，就必须要获得大量资金支持。因此，金融部门必须要加大对欠发达地区的产业发展支持资金力度，拓宽欠发达地区产业发展的资金渠道。

2. 降低扶贫产业风险系数

大部分扶贫产业销售的是简单的初级产品，缺乏精深加工产品，收益能力相对较弱。很多贫困地区扶贫产业以农业为主，而农业受多种制约因素影响，如自然条件、农作物生长周期、市场需求、产业经营规模等。如果配套设施跟不上，基础设施落后，再加上贫困户缺乏差异化的发展技术，很可能导致应对措施跟不上市场需求变化，陷入困境。其次，贫困地区自有科技力量薄弱，拥有农业专业技术的科技人员少，不能满足农村扶贫工作的需要。同时，农技大专院校、农业科研机构对农村扶贫工作的专业技术指导力度不够，还有待加强；科技运用程度低，市场、技术信息闭塞，科技投入严重不足，科技发展基础脆弱，导致技术推广难度大，新技术、新品种的引进和转化速度慢，科技难以到村入户，贫困地区依靠科技实现自我发展的能力尚需加强。

“科学技术是第一生产力”，加快产业扶贫的推动，必须提高产业扶贫创新能力。切实有效地提高产业扶贫技术人员的业务能力水平，为低收入群体开展必要的培训，使其增加对扶贫政策项目的了解；立足于市场，邀请技术专家进行指导教学，切实解决低收入群体参与产业扶贫中遇到的问题；对于产业扶贫龙头企业，要加快科技创新能力，以特色产业为依托，打造当地特色农产品品牌；鼓励外出低收入群体回乡务工，引入新技术，真正带领低收入群体脱贫致富。对于降低风险系数：充分利用好电商平台，形成固定的产品销路，利用网络拓宽销售渠道；优化服务，完善小额信贷的扶贫政策，鼓励民营企业等社会力量参与产业扶贫，构建完整的产业扶贫链条，最大程度降低扶贫产业风险系数。在此之外，应将当地主要扶贫产业纳入政策性保险范围，设立产业扶贫风险补偿基金，对低收入群体实行最低价政策；落实好农村最低生活保障制度，切实将农村低保的兜底保障作用落实到位，防止低收入群体因经营失败而陷入生活困境。

3. 健全扶贫企业筛选，发挥企业带头作用

具有一定规模的企业对欠发达村庄产业扶贫的发展有非常重要的引导作用，但在我国的欠发达地区，很少具有能够对当地经济发展起到带头作用的企业，通常都是由一些小商贩到欠发达村庄上门收购各种农副产品。这种传统的商贸形式过于零散，导致当地的农副产品很难卖上较高的价格，无法帮助欠发达村庄的村增加收入。除此之外，由于小商贩对于农副产品的收购量非常有限，在一定程度上抑制了欠发达村庄农副产业的生产扩大，甚至是抑制了当地经济的发展和进步。整体经济环境活力不足，直接影响了欠发达村庄产业扶贫的建设和发展。缺少当地市场经济大环境的支持，是导致欠发达村庄产业扶贫难以开展的重要原因之一。

政府有关部门要进一步健全扶贫企业筛选标准与程序，真正把有较强社会责任感与抗风险能力企业筛选出来，引导企业充分发挥带动低收入群体增收脱贫作用；加强对参与产业扶贫企业的监管，对农业订单合同条款的合法性与合理性进行审查，制止有损农户利益的“霸王条款”；对损害农户合法利益的企业，一律纳入失信企业名单并向社会公示。

4. 严守产业开发生态底线

坚持产业扶贫绿色发展理念，引导各方积极探索脱贫攻坚与生态文明双赢产业扶贫模式。要坚持可持续发展原则，不能竭泽而渔。开发土地资源过程中，必须要注意对当地生态环境的保护，实现经济发展与生态环境建设两者兼顾，将生态影响作为扶贫产业项目选择与绩效评价的重要标准之一，对任何不符合环境标准的项目坚决实行一票否决，对经济效益和生态效益好的项目给予重点扶持。

5. 提升产业扶贫效率

当前中国脱贫攻坚已进入冲刺期，现有贫困大多集中在深度贫困地区，这些地区多是革命老区、民族地区、边疆地区，基础设施和社会事业发展滞后，社会文明程度较低，生态环境脆弱，产业发展基础薄弱，贫困程度更深，脱贫成本更高。目前中国产业扶贫资金使用效率逐年下降，尤其是在未来中国宏观经济增速放缓，财政支出继续缩减的趋势下，进一步依靠大幅增加扶

贫资金投入来拉动低收入人口增收脱贫已不现实，需要更加注重发挥财政资金的撬动作用，利用政策引领，发挥龙头企业、社会组织的作用，带动低收入人口增收脱贫。

要分类施策，充分利用消费升级、科技创新和制度改革等方面的新动能，在贫困地区开发特色种养、农产品加工、休闲农业等新业态，培育龙头企业、农民合作社等新主体，构建金融和资产收益等领域的新机制，实现贫困农户收入的增长，确保依托农业产业实现贫困农户增收的稳定性和持续性。

五、劳务输出巩固拓展就业扶贫成果政策建议

1. 提高外出低收入劳动人口素质

输出的劳动力一般文化程度低、缺乏较高的专业技能，大都是从事技术性不高的工作或简单的体力劳动，在小的企业、农林渔业、制造业和建筑业等低端行业的低收入人口占了大多数。这些人的劳动报酬比较低，可替代性强，劳务输出竞争力低。同时，这些工作场所环境较差，工资低，导致贫困劳动者流动性强，扶贫效果不能达到预期。虽然近年来政府相关部门对劳动力的培训力度在不断加大，但由于对劳务输出的技能培训还没有一个系统的方案，劳务人员的培训项目与外出务工人员需求有一定的差距，劳务人员参加劳务培训的积极性不够高。

各省市应该加大力度培训输出人员，培训内容包括技能培训、政策法规及安全教育培训、习俗惯例培训等，涉及对外劳务输出的还应进行语言培训。为此，应建立和完善对外输出的培训基地，对下岗工人和农村劳工进行技能培训，提高他们的专业技能和竞争力，促进外出务工者增收，促进就业结构升级。同时，要加强对输出人员的安全教育和防恐教育，以确保他们在遇见突发事故的时候能保护自身安全。政府劳务输出相关部门要积极引导农民破除小富即安、故土难离的保守思想，树立多渠道增收、多业发展的新观念，以适应不同层次就业需要，丰富劳务者增收脱贫形式。

2. 完善相关立法，保障低收入劳动者利益

目前相关法律相对完善，但是法律支持体系仍然不够健全，很多外出务工人员的合法权益得不到保障，这阻碍了低收入人口外出打工的念头。近年来，拖欠外来打工者工资仍时有发生，并且很多企业不执行《劳动合同法》

的相关规定，没有为外出打工者办理“三险”。面对这些问题，外出打工者也有自身的原因，部分农民工自身思想认识不到位，法律意识薄弱，参保意识薄弱，遇到意外事故造成身体伤害或者被拖欠工资后，由于法律意识不强，不懂得运用法律维护自身权益，难以得到有效快速的解决，很可能得不偿失，不仅未脱贫反而使经济状况更加困难。

劳务输出是一项需要长期发展的产业，为了促进其稳定有序地向前健康发展，只制定和下达一些时效性的政策和行政命令是远远不够的，还需建立一套完善的法律体系，把劳务输出工作纳入严密的法制轨道上来。为促进境外就业，规范劳务输出，政府有关部门应该按照新修订的《外贸法》要求，制定和完善“走出去”各项业务的具体配套管理规章制度，依法保护劳务人员权益，提高依法管理对外劳务合作的水平，减轻经营公司的各种不合理负担，以有效解决目前政出多门、市场秩序混乱的局面。司法机关要进一步加强与对外经贸、工商、劳动等部门的联系与协作，及时通报情况，加强对出国劳务人员的法制宣传，增强他们的法制观念和防范意识，做到知法、守法、用法。一是健全完善农民工维权举报投诉制度，加强司法行政机关对农民工的法律援助，通过各种方式的宣传告知农民工享有的权益，公布投诉举报方法，畅通合法维权渠道；二是加强劳务人员权益保护知识普及，提高外出务工人员的警惕性和鉴别能力，选择正规用人单位，规范签订劳务合同，掌握必要的法律常识，学会利用法律武器维护自己的合法权益。有些用工企业使用外地工人，“法外管理”，工人没有劳动合同，没有养老、医疗、工伤、公积金等基本保障，科普法律对保护贫困劳动者权益尤为重要。

3. 利用互联网创新劳务输出模式，对焦就业扶贫精准度

虽然有政府和劳务输出组织在加大与输入地的劳务协作，建立劳务输出精准对接机制，但受传统思想观念及劳务服务机制不健全的双重影响，仍有过半外出务工者是依托亲戚、朋友介绍及个人自找为主。劳务需求信息对接不顺畅，务工人员在行业选择和酬劳方面不好定位，很难找到理想的工作，导致出现劳动力富余和部分企业招工难同时存在的两难现象。

当今的时代是“互联网+”的时代，是大数据的时代，互联网思维要我们在“互联网+”、移动互联网、大数据、云计算等科技不断发展的背景下，对市场、用户、产品、企业价值链乃至对整个商业生态进行重新审视，对传统模式更是需要重新思考和审视。互联网平台为对外劳务输出的信息交流、数

据收集提供了有效工具，这个工具可以极大改善信息的通畅与交流速度，借此创造更大的经济和社会价值。精准扶贫是指针对不同贫困区域环境、不同贫困农户状况，运用科学有效程序对扶贫对象实施精确识别、精确帮扶、精确管理的治贫方式。在东部沿海地区、中部地区对外劳务输出继续开展的同时，现在西部地区尤其是少数民族地区正在逐步增大对外劳务输出的力度，通过对外劳务输出改善该地区贫困对象的生活水平，取得了显著的效果。传统的对外劳务输出模式，没有与互联网平台相连，需要帮扶的贫困人员很难收到有关对外劳务输出的供需信息，在新型模式下，所有的信息都可以在平台上查阅到，只要有互联网或移动互联网，每个人都可以自由地接触到信息，这可以极大地提高就业扶贫的工作效率。

4. 健全社会保障体系，使外出劳务者无后顾之忧

2019 年，宏观经济下行压力加大，固定资产投资下降，基础设施建设放缓，部分企业停产，用工减少，农产品种植大户大面积经营亏损，农民务工形势严峻，找工作难度加大。在外出务工期间对子女的安排问题上，多数务工者将子女和老人留在农村，农村留守老人、留守儿童问题仍然十分突出。

因此，有必要积极完善多层次、广覆盖、可持续的社会保障体系，推进全民“老有所养、病有所医、伤有所保、育有所补、失有所住”建设，建立健全劳务输出人员在子女上学教育、公共医疗卫生、社会福利等方面的保障机制，让外出务工人员无后顾之忧。在尊重农民意愿的基础上，允许外出务工人员继续保留土地承包权、经营权，也可采取转包、转让、租赁等形式进行土地流转。积极主动协调落实回乡创业者在资金、用工、场地、服务等方面相关扶持政策，鼓励外出务工人员返乡创业，提高劳务输出效益，促进本地经济发展。

六、公益岗位巩固拓展就业扶贫成果政策建议

1. 扩展公益岗位设置，提高扶贫效果

在巩固拓展脱贫攻坚成果阶段，从当前农村社会转型来看，由于大量劳动力外出务工，农村空心化严重，农村的贫困群体大部分属于留守老人、空巢老人等老年人群体，而这部分人由于在劳动力、资金、社会资本等方面存在一定的劣势，所以实现脱贫仍然面临一定的困难，在脱贫攻坚过程中如何

使老年人通过力所能及的劳动来获得相应的收入对于实现老年人的脱贫发挥较大的作用。尽管脱贫攻坚任务已经完成，但现阶段国家欠发达的村落仍存在着自然条件恶劣、社会服务和基础设施短缺的情况，村集体经济薄弱，公共服务能力不足，产业化扶贫的项目识别难度大。而目前公益岗位的覆盖范围小，发展能力受限，没有利用起老年人口等农村剩余劳动力资源，没能将剩余劳动力投入到改善农村社会服务等公共服务中。

在岗位设置方面，除了林业部门的护林员岗位外，建议积极拓展如生态保护、环境卫生、村组道路维护及集体自然资源管护等岗位，也可以着眼于促进当地居民生态环境意识提升、乡土知识传承、社区文化建设、农村电子商务发展、农业技术传播、民俗工艺传承及农民组织建设等各种有利于当地扶贫开发和社区管理的工作，还可以设置一些社会服务性质的公益岗位，如失能老人服务、养老服务等。扶贫公益岗位设置要紧紧围绕低收入人口收入提升和提升欠发达地区公共服务水平的双重目标，结合地方发展的实际情况，根据村庄的情况与村民的实际增加相关的岗位。确保公益岗位所解决的问题是当地社会经济发展必须解决的重要问题，而不是为了脱贫临时加设的纯粹的岗位。

2. 扩展资金来源，保证资金来源可靠有效

在资金来源方面，可以考虑在纳入政府购买服务的范围设立专项资金。保证支付公益岗位工资的资金来源可靠。扶贫攻坚战期间，公益岗位的资金部分来自于相关行业部门（比如林业、环保、交通等）的管护经费，部分来自于地方的扶贫资金或其他资金。公益岗位扶贫需要通过相应的制度安排和政策调整来保证公益岗位资金的来源。比如，可考虑将部分提供给有劳动能力的低保对象的低保资金用于支付工业岗位就业人口的工资等。

3. 合理制定公益岗位工资标准

国家没有颁布对公益性岗位管理的各项措施，对薪酬标准没有明确的规定。由于政策法规的不健全和一些单位的管理不善，往往公益性岗位会出现脱岗、离岗或顶岗等违规现象。有些人甚至在这些岗位上吃空饷。这不仅没有帮助到真正需要帮助的人员，还对政府的形象造成恶劣的影响。

公益岗位的工资标准是否合理，既关系到公益岗位就业的扶贫对象能否脱贫，也关系到公益岗位是否会扰乱正常的劳动力市场秩序。既然公益岗位扶贫具有类似以工代赈的性质，其工资标准也应参考公共工程项目劳动报酬

标准。通常公共工程项目的劳动报酬会低于市场标准的工资，这使得公益岗位能够排除那些可以从市场中找到工作的人群，从而将机会留给由于种种原因难以从市场中获得工作的贫困对象。

4. 加强公益岗位就业人员的培训和管理

公益性岗位录用过程中对专业、实践能力等均无要求，在录用之后又缺乏必要的职业培训，导致公益性岗位人员不能很好地胜任工作，有时甚至会延误必要的公务活动。

加强公益岗位就业人员的培训和管理。虽然公益岗位需要的专业技术不高，但也都具有一定的工作标准、工作程序和工作纪律。这些对于多数扶贫对象来说，是需要通过必要的培训和管理来保证的。相关职能部门和管理单位要加强对公益岗位就业人员的培训，采取容易理解的方式，帮助其尽快熟悉基本的工作标准、程序和纪律。同时，应制定易理解、易操作的考勤办法和奖惩规则，以加强对公益岗位就业人员的管理。

七、能人带动巩固拓展就业扶贫成果政策建议

1. 注重典型宣传，转变脱贫观念

一些农村能人因为受到传统观念的制约，缺乏长远的发展眼光，因而限制了农村社会的全面发展。虽然农村能人在引领农民脱贫增收方面具有较强的带动效应，但是受传统思想的影响，其经营管理模式相对单一，一定程度上阻碍了农民发挥主动性和积极性。因此需要农村能人克服自身的局限性，摆脱传统小农思想的束缚，才能更好地发挥对农民的脱贫带动效应。

注重表彰脱贫、增收典型、能人带动典型和扶贫干部的先进典型，有利于全社会形成脱贫光荣、致富光荣、帮扶光荣的社会氛围，便于为推进巩固拓展脱贫攻坚成果工作创造有利条件。治穷先治愚、扶贫先扶志。要充分调动新闻媒体和社会传媒资源，宣传党的扶贫理论和思想，引导农民树立劳动致富光荣的观念。要特别重视精神脱贫和精神振奋问题，从思想深处转变发展观念，打消“等靠要”思想。

2. 加强农村能人教育，吸引能人回乡扶贫

很多农村地区没有给予能人成长的空间，使得农民在个人文化素养和综合能力等方面都存在不足，阻碍了农民整体素质的提高。一方面农村的教育

水平普遍不高，由于城乡间在经济发展程度和财政收入能力上存在一定的差异，经费上的差异也造成了师资及办学条件上的差异，使得多数农民无法接受到正规良好的教育，个人科学文化素质普遍不高；另一方面，虽然当前社会信息传播更加方便，但是农村环境相对而言仍然比较闭塞，农民无法及时了解到最新的先进的思想理念，思想认识相对落后。因为在成长环境方面存在一定的局限性，很多农民在科学文化素质、发展眼光和经济头脑等方面不具备成为农村能人的条件。外出的农村能人一部分是求学，还有一部分是在外务工、经商或创业。在外求学的农村能人获得了先进的技术和知识，拥有更为开阔的视野和长远的发展眼光，但他们的持续外流使农村的发展较为缓慢，如何吸引在外的农村能人回乡发展以及在农村不断培育新的农村能人成为目前亟待解决的问题。

大多数在城市发展的农村能人都心念故土，他们对农村的风俗文化更为亲近，国家越来越重视农村的发展，制订了一系列利于农民增收的政策，所以许多能人愿意回到农村，为家乡的发展做出自己的贡献。因此基层政府要健全机制、优化发展环境，吸引农村能人回归故土，参与农村的发展建设。要加强精神文化建设，让农村能人树立正确的价值观，强化其带领农民群众脱贫致富的责任感和使命感；注重技术政策的帮扶，组织农村能人到发展出色的村庄学习考察、交流经验、学习先进技术，邀请专家学者到农村实地传授技术知识，为农民提供指导；还要加大资金投入力度，如通过财政补贴等方式降低农民成本，为农村能人提供必要的社会化服务体系，为其贷款提供优惠便利等，切实解决农民在发展中遇到的问题。

3. 利用社会资源，提高能人脱贫作用

农村能人要带动农民实现脱贫致富除了依赖当地原有的自然和人力资源，还需要外部资源的带动，保证与外部社会的有效联系和沟通有利于建立关系网络，如市场销售网络、人际关系网络等，以此获得可以帮助自身发展的社会资源。利用这些社会资源，农村能人可以掌握最新的市场信息，拓宽销售渠道，对农村经济的发展起到积极的作用。如今多数农村能人的社会资源还比较有限，严重限制了农村能人的发展，也不利于发挥其带动作用。

在制定、调整部分脱贫攻坚奖励激励政策上，以“能人带动”为原则，引导能人带动低收入人群。对于向低收入人群提供统购统销服务的能人大户和以保护价收购低收入人群产品的企业，参照低收入人群产业奖补标准进行重奖，调动能人、企业参与脱贫攻坚的积极性，利用好能人、企业销售网络，帮助低收入人群脱贫致富。同时规划建立区域性特色产品专业合作社，打破地域界限，整合现有农村专业合作社，引导合作社专精于某一项或某一类农产品，集中力量建立销售渠道，在全县开展统购统销业务，帮助农民群众和低收入人群建立发展信心。

4. 市场机制联结产业项目，变“输血”为“造血”

低收入家庭贷款后，发展产业项目才有“钱”景。政府部门不能作为担保主体，不能用行政手段代替市场行为，否则不可持续。政府主导与市场主体相结合，才能形成合力。“资金跟着帮扶对象走，帮扶对象跟着能人走，帮扶对象和能人跟着产业项目走，产业项目跟着市场走”，变输血式扶贫为造血式扶贫。“能人”，就是龙头企业、合作社、家庭农场，当这些组织到银行贷款时，可以适当给予提高授信额度、降低贷款利率等优惠。另一点是积极开发农村小额信贷保险产品，逐步实现贫困农民小额贷款无抵押、无担保。引导群众发展投资小、见效快、收益高的项目，确保贷款放得出、用得好、还得上，促进扶贫信贷持续健康发展。低收入农户小额信用贷款，通过周密、巧妙的制度设计，以贷款贴息、风险补偿金等政策引导，可以使“小钱”变“大钱”，让有限的财政扶贫资金发挥出最大效益：既帮扶了建档立卡的低收入人群，又提高了龙头企业等“能人”带动低收入家庭的积极性，还解除了银行放贷的后顾之忧，从而激发参与扶贫的各方市场主体活力，形成了巩固脱贫攻坚成果的合力。

附　录

附录 1：2016 年以来就业扶贫政策梳理

当前阶段，我国就业扶贫两大政策分别是专项社会救助中的就业救助和社部正式发布的有关文件。对第一项内容，根据《社会救助暂行办法》（国务院令第 649 号）定义，就业救助是指国家对最低生活保障家庭中有劳动能力并处于失业状态的成员，通过贷款贴息、社会保险补贴、岗位补贴、培训补贴、费用减免、公益性岗位安置等办法，给予就业救助。对第二项内容，最重要的文件可参见人社部《关于在打赢脱贫攻坚战中做好人力资源社会保障扶贫工作的意见》（人社部发〔2016〕71 号）。对比两类政策文件，前者侧重于对用人单位的鼓励和支持，后者则把重心放到贫困人员本身，强调对贫困人员的能力开发。目前阶段，后者对改善贫困人群人力资本更为直接，理由在于其确保了符合条件的贫困劳动力和用人单位同时受益。对前者，公益岗位安置和培训等手段已经在就业扶贫领域发挥作用，并将在社会安全网合理构建和全面覆盖发展条件下发挥更大作用。

就业扶贫在精准扶贫政策"组合拳"中具有重要地位，实现稳定就业对于实现贫困人员永久脱贫、提振发展信心、融入社会网络、促进社会流动具有显著作用。因此，围绕扶持建档立卡贫困人员积极就业创业，民政部、人社部、财政部等多部委联动，在资源保障、体系构建、治理创新等方面出台了一系列政策举措。我们主要按照时间线梳理一下各部门出台与就业扶贫相关的重要政策文件：

2016 年 2 月 1 日，中共中央办公厅、国务院办公厅印发《关于加大脱贫攻坚力度支持革命老区开发建设的指导意见》，其中，与就业相关的政策包括：大力促进转移就业，拓展劳动力就地就近就业空间；加大老区优抚对象家庭成员就业政策落实力度，符合就业困难人员条件的优先安排公益性岗位，组织机关、企事业单位面向老区定向招聘辅助人员；鼓励各类企业通过资源开发、产业培育、市场开拓、村企共建等形式到贫困老区投资兴业、培训技能、吸纳就业。

2016 年 7 月 26 日，人社部和国务院扶贫办出台《关于开展技能脱贫千校行动的通知》，提出在技工院校开展脱贫千校行动，并将主要工作目标设定为："2016—2020年，使每个有就读技工院校意愿的建档立卡贫困家庭应、往届'两后生'都能免费接受技工教育，每个有劳动能力且有参加职业培训意愿的建档立卡贫困家庭劳动者每年都能够到技工院校接受至少1次免费职业培训，对接受技工教育和职业培训的贫困家庭学生（学员）推荐就业，实现'教育培训一人，就业创业一人，脱贫致富一户'的目标。"

2016年9月17日，民政部、国务院扶贫办、中央农办、财政部、国家统计局、中国残联发布《关于做好农村最低生活保障制度与扶贫开发政策有效衔接的指导意见》，其中提到"对参与扶贫开发项目实现就业的农村低保家庭，在核算其家庭收入时，可以扣减必要的就业成本，具体扣减办法由各地根据实际情况研究制定。"

2016年9月30日，国家旅游局发布《关于实施旅游万企万村帮扶专项行动的通知》，将工作目标设定为"组织动员全国1万家规模较大的旅游景区……对2.26万家乡村旅游扶贫重点村进行帮扶脱贫。采取安置就业、项目开发、输送客源、定点采购、指导培训等多种方式帮助乡村旅游扶贫重点村发展旅游，通过5年时间解决100万左右贫困人口脱贫"。

2016年12月2日，人社部、财政部、国务院扶贫办发布《关于切实做好就业扶贫工作的指导意见》，提出要通过"开发岗位、劳务协作、技能培训、就业服务、权益维护等措施，帮助一批未就业贫困劳动力转移就业，帮助一批已就业贫困劳动力稳定就业，帮助一批贫困家庭未升学初、高中毕业生就读技工院校毕业后实现技能就业，带动促进1000万贫困人口脱贫"的目标。

2016年12月22日，中国残联、国务院扶贫办等26个部门和单位共同制定了《贫困残疾人脱贫攻坚行动计划（2016—2020年）》，针对贫困残疾人设置了就业相关政策，具体包括：以百村千户乡村旅游助残扶贫行动扶持贫困残疾人家庭在适当的岗位就业增收；以"妇女编织"助残扶贫行动，帮扶残疾妇女实现就业增收；加大对建档立卡残疾人低收入人群易地扶贫搬迁的扶持力度，对符合易地扶贫搬迁政策条件且自愿搬迁的建档立卡残疾人低收入人群给予积极支持；加大对返乡残疾人农民工职业技能培训和创业就业扶持力度。

2017年9月7日，教育部印发《职业教育东西协作行动计划滇西实施方案（2017—2020年）》，将工作目标设置为"以促进就业脱贫为导向，以建档立卡‘两后生’（未升学的应往届初、高中毕业生）接受职业教育和滇西职业教育加快发展为重点……实现滇西地区贫困人口就业脱贫与东部劳动力缺口补充的有效对接，完成好‘发展教育脱贫一批’的重要任务。”

2018 年 1 月 15 日，教育部、国务院扶贫办联合印发《深度贫困地区教育脱贫攻坚实施方案（2018—2020 年）》，其中在加快发展职业教育目标中提出“优先安排在校企合作程度较深的订单定向培训班或企业冠名班，优先落实助学政策，优先安排实习，优先推荐就业。广泛开展公益性职业技能培训，实现脱贫举措与技能培训的精准对接”。

2018 年 1 月 15 日，教育部、国务院扶贫办、国家语委联合印发《推普脱贫攻坚行动计划（2018—2020 年）》，提出“显著提高国家通用语言文字应用能力和职业技术技能水平，提高就业竞争力，促进就业脱贫”的目标和任务。

2018 年 1 月 18 日，国家发展改革委、国家林业局、财政部、水利部、农业部、国务院扶贫办共同制定《生态扶贫工作方案》，与就业扶贫相关的内容包括：通过开展生态搬迁试点，支持搬迁群众安置住房建设（购买）、后续产业发展和转移就业安排；通过生态产业发展增加经营性收入和财产性收入；依托“天然林资源保护工程”，支持依法通过购买服务开展公益林管护，为贫困人口创造更多的就业机会；培育壮大生态产业，通过入股分红、订单帮扶、合作经营、劳动就业等多种形式，建立产业化龙头企业、新型经营主体与贫困人口的紧密利益联结机制，拓宽贫困人口增收渠道。

2018 年 8 月 8 日，人社部、财政部联合财政部发布《关于进一步加大就业扶贫政策支持力度着力提高劳务组织化程度的通知》，提出“努力促进建档立卡贫困劳动力（即 16 周岁以上、有劳动能力的建档立卡贫困人口）就业创业，确保完成带动 300 万贫困人口增收脱贫的目标任务”。具体手段包括：大力促进就地就近就业、积极支持创业带动就业、大力开展有组织劳务输出、通过公益性岗位托底安置、大规模开展职业培训。

2019 年 2 月 26 日，国家税务总局、人力资源社会保障部、国务院扶贫办、教育部联合出台《关于实施支持和促进重点群体创业就业有关税收政策具体操作问题的公告》，提出如下两项核心内容：一是提高扣减标准。将登记失业半年以上的人员，零就业家庭、享受城市居民最低生活保障家庭劳动年龄内的登记失业人员，高校毕业生，农村建档立卡贫困人口等重点群体从事个体经营扣减税款的标准由每户每年 8000 元提高到每户每年 12000 元。将企业招用重点群体人员扣减标准由每人每年 4000 元提高到每人每年 6000 元。二是取消行业限制。将享受优惠的招用重点群体就业企业的行业范围由商贸企业、服务型企业、劳动就业服务企业中的加工型企业和街道社区具有加工性质的小型企业实体，放宽到所有增值税纳税人或企业所得税纳税人的企业等单位，为各市场主体吸纳就业提供统一的税收政策。

2019 年 5 月 23 日，人社部、国家发改委、财政部、国务院扶贫办发布《关于做好易地扶贫搬迁就业帮扶工作的通知》，提出“多渠道拓宽就业门路”的工作目标，具体包括“落实配套产业扩大就业、促进安置区发展吸纳就业、预留场地扶持创业就业、组织劳务输出就业、落实政策兜底安置就业”；“大规模开展职业技能培训”包括“推动培训应培尽培、增强培训精准性、提高培训补贴标准”；“实施属地就业服务管理”包括“将搬迁群众全部纳入当地公共就业服务体系、强化服务保障、优化服务供给、实施万人大型集中安置区就业帮扶专项行动”等。

附录 2：就业扶贫政策的重要内容概述

项目	重要内容概述
	一、推进就业扶贫
（一）强化就业服务	各地制定切实可行的就业扶贫计划，准确掌握贫困劳动力基本信息，加强就业服务，开展“一对一”精准帮扶，充分调动贫困劳动力就业积极性。各地公共就业服务机构要深入摸查贫困劳动力的情况，针对其贫困特点，积极开展职业指导，加强职业介绍，推动就业意愿、就业技能与就业岗位精准对接，提高就业脱贫覆盖面。发挥人力资源服务机构作用，加强人力资源市场供求信息监测，开展专场招聘、就业创业指导、技能培训等活动。
（二）扶持发展扶贫车间等载体吸纳就业	在贫困乡镇、村建设一批扶贫车间、社区工厂、卫星工厂等就业扶贫载体。配合扶贫部门将扶贫车间等载体建设纳入扶贫项目建设规划，不断规范建设标准。鼓励企业、农民专业合作社、扶贫车间等各类用人单位吸纳贫困劳动力就业，对开展以工代训的，给予职业培训补贴；对企业按规定给予一定数额的社会保险费补贴；对吸纳就业成效好的就业扶贫基地，给予一次性资金奖补。
（三）鼓励返乡下乡创业带动就业	积极推进贫困县返乡创业园建设，加大创业扶持政策、创业服务支持力度，引导各类人员到贫困县创业，带动贫困劳动力就业。通过承接产业转移、发展农村电商、创意农业、乡村旅游等措施，在贫困地区培育一批创业项目，其中办理工商登记注册的，按规定落实小微企业扶持政策，对吸纳贫困劳动力就业并稳定就业 1 年以上的，可给予一定奖补。实施返乡创业带头人培养计划、创业服务能力提升计划，对吸纳贫困劳动力多的创业企业，优先落实扶持政策。对贫困劳动力、农民工等返乡下乡创业人员首次创办小微企业或从事个体经营并且正常运营 6 个月以上的，给予一次性创业补贴。对入驻实体数量多、孵化效果好的贫困县创业孵化载体，提高创业孵化基地奖补标准。
（四）深化扶贫劳务协作	加强输出地与输入地的劳务协作，完善落实劳务协议，努力扩大劳务输出规模，提高劳务组织化程度。输出地政府要摸清有意愿外出贫困劳动力的基本情况、就业意愿等信息，帮助解决实际困难与问题，做好劳务输出的组织发动。要结合当地特色产业和人力资源优势，打造和推广一批劳务品牌，以劳务品牌带动转移就业。鼓励支持输出地政府在贫困劳动力务工较集中的城市或地区建立劳务站，为外出务工人员提供持续帮扶。输入地政府要搞好与输出地政府的劳务对接，着力开发和提供就业岗位，为贫困劳动力转移就业提供职业培训、就业服务、劳动维权等“三位一体”的服务，增强贫困劳动力就业稳定性。深化家政服务劳务对接扶贫行动，完善家政服务劳务对接扶贫工作机制，推动落实省际家政服务劳务对接扶贫协议，加强省内家政服务劳务对接扶贫。支持家政服务企业在贫困县建立贫困劳动力转移就业和培训基地。对通过有组织劳务输出到户籍所在县以外地区就业的贫困劳动力，给予一次性求职创业补贴；对开展有组织劳务输出的人力资源服务机构、公共就业服务机构、劳务经纪人，给予就业创业服务补助。对接受外地贫困劳动力就业的企业，参照当地就业困难人员落实社会保险补贴、创业担保贷款及贴息等政策。

续表

项目	重要内容概述
（五）开发公益性岗位托底安置	各地要统筹考虑乡村建设实际需要，开发农村保洁、治安、护路、管水、扶残助残、养老护理等公益性岗位，帮扶贫困劳动力就业。贫困地区新增和腾退的公益性岗位应优先安置贫困劳动力，可由就业补助资金给予一定期限的岗位补贴。积极协调林业草原、交通、扶贫等部门，开发各类公益性岗位安置贫困劳动力。鼓励各地通过以工代赈、以奖代补、劳务补助等方式，动员更多贫困劳动力参与小型基础设施、农村人居环境整治等项目建设，增加劳务收入。
二、推进技能扶贫	
（一）实施技能脱贫专项行动	坚持就业导向，对接岗位需求信息，面向有培训需求的贫困劳动力大规模开展职业技能培训。对参加职业培训的贫困劳动力，在培训期间给予生活费补贴。优化培训方式方法，根据实际情况采取集中培训、弹性培训、上门培训等方式，开展进乡镇、进社区、进家庭等“点对点”“一对一”精准培训。对吸纳就业能力较强的家政服务、物流配送、养老服务等产业，加大劳务输出培训力度。充分发挥企业在职工技能培训中的主体作用，鼓励各地企业特别是贫困地区企业招用贫困劳动力并开展培训，鼓励建设劳动力培训基地，推进企业新型学徒制培训。各地要严格执行贫困劳动力职业培训补贴政策，扩大培训补贴对象范围，增加补贴项目，上调补贴标准，完善补贴拨付流程，简化程序，加强资金监管。
（二）深入开展技能脱贫千校行动	为有就读技工院校意愿的贫困家庭学生提供免费技工教育，为有劳动能力和培训意愿的贫困劳动力提供免费职业技能培训。指导各地确定一批重点院校和专业，建立健全结对协作和对口支援工作机制，支援深度贫困地区技工院校发展。深化校企合作，广泛组织动员，鼓励社会各界参与，共同开展精准技能扶贫。强化资金投入保障，加强教学资源支持，强化激励措施引导，加强信息管理、统计和宣传等基础工作，确保技能脱贫千校行动取得更大成效。
（三）增强贫困地区职业培训供给能力	培训项目向所有具备资质的培训机构开放。引导各类培训资源积极开展贫困劳动力职业培训，支持贫困地区合理增设职业培训机构和技工院校。通过多种渠道和方式援助贫困地区培训机构和技工院校改善办学条件、扩展办学规模。采取双向挂职、两地培训、委托培养和支教等方式，开展师资培训和“传帮带”等活动。开发适合贫困劳动力特点的培训项目，打造适应县域经济发展、满足贫困劳动力个性化、差异化培训需求的精品课程。为贫困地区职业培训机构和技工院校免费提供多媒体培训资源支持。
三、落实社会保险扶贫政策	
（一）推进贫困人口社会保险应保尽保	结合全民参保计划，积极主动为贫困人口开展社会保险扶贫政策宣传和参保登记等经办服务工作，切实落实贫困人口各项参保优惠及代缴补贴政策，重点做好为建档立卡未标注脱贫的贫困人口、低保对象、特困人员等困难群体代缴城乡居民养老保险费。支持和引导符合条件的乡村医生按规定参加城镇职工基本养老保险。对行动不便的贫困人口，提供上门服务，推动应保尽保。
（二）逐步提高城乡居民基本养老保险待遇水平	指导各地建立城乡居民基本养老保险待遇确定和基础养老金正常调整机制。根据经济发展和居民收入水平增长情况，逐步提高城乡居民基本养老保险最低缴费标准和基础养老金标准，推动城乡居民基本养老保险待遇水平随经济发展而逐步提高。

续表

项目	重要内容概述
（三）防范因工伤、失业致贫返贫	大力推进工程建设领域按项目参加工伤保险；探索建立新产业新业态从业人员职业伤害保障制度，防止快递业等行业从业人员因工伤致贫返贫。积极推进农民工参加失业保险，关注贫困人口就业后的参保情况，推动各地适当上调失业保险金标准，确保失业保险金应发尽发，为包括贫困人口在内符合条件的失业人员提供基本生活保障。
四、不断加强人事人才扶贫	
（一）积极引导各类人才向贫困地区流动	在贫困地区县乡事业单位公开招聘中放宽年龄、学历和专业要求，允许拿出一定数量的岗位面向本地户籍或生源招聘，对采取统一考试方式招聘的，可根据工作需要适当降低开考比例或不设开考比例，划定成绩合格线；对急需紧缺专业人才，可以根据实际情况，采取直接考察方式招聘。进一步扩大全科医生特设岗位计划实施范围，推动贫困地区实现全科医生特设岗位计划全覆盖。鼓励支持高校和科研院所等事业单位专业技术人员带成果项目到贫困地区创新创业，发展扶贫产业带动贫困人口就业创业。根据事业单位工作人员奖励相关规定，对在扶贫工作中作出突出贡献的事业单位工作人员或工作人员集体给予奖励。结合农业技术、中小学教师、基层卫生等专业技术领域职称制度改革，研究制定对贫困地区专业技术人才倾斜支持政策，对论文、外语和计算机应用能力不作硬性要求，侧重考察其工作实绩，适当放宽学历和任职年限要求；鼓励有条件的贫困地区单独建立基层专业技术人才职称评审委员会或评审组，单独评审。选拔享受国务院政府特殊津贴人员和表彰全国杰出专业技术人才向贫困地区倾斜。
（二）为贫困地区提供智力支持和人才服务	优先在贫困地区遴选建设国家级专家服务基地，支持贫困地区新设博士后科研流动站、工作站。大力推进东西部干部双向挂职、人才双向交流，注重从贫困地区选拔专业技术人才到发达地区进修培训。开展专家服务基层、“千人计划”专家下基层、博士后科技服务团等专家服务活动，发挥专家智力、技术和信息优势，支援贫困地区培养一批专业技术人才，转化一批技术成果。专业技术人员到贫困地区开展服务的年限，可认定为基层工作服务年限，在职称评定、岗位聘用等方面予以倾斜。实施高校毕业生“三支一扶”计划，每年选派 2.5 万名左右高校毕业生到基层从事扶贫等服务。全面组织实施“三支一扶”人员能力提升专项计划，强化基层工作能力培训，提高“三支一扶”人员服务基层效果。
（三）落实向贫困地区倾斜的工资政策	适时调整事业单位工作人员艰苦边远地区津贴标准，适当向高类区和低岗位人员倾斜，扶持贫困地区事业单位提高工资收入水平。完善西藏事业单位工作人员西藏特殊津贴实施办法，建立动态增长机制，及时调整西藏特殊津贴标准。继续指导四省提高四省藏区事业单位工作人员工资收入水平。适时调整南疆四地州事业单位工作人员南疆工作补贴标准。指导有关省份落实好高校毕业生到基层工作高定工资政策、乡镇工作补贴、高海拔地区折算工龄补贴等政策，在落实乡镇工作补贴时向条件艰苦的偏远乡镇和长期在乡镇事业单位工作的人员倾斜。
五、加大深度贫困地区支持力度	
（一）加大就业扶贫力度	进一步加大就业补助资金对深度贫困地区的转移支付力度，将就业扶贫任务纳入就业补助资金分配因素。针对深度贫困地区交通不便、语言障碍等特殊问题，综合运用多种手段，制定实施更有针对性的就业扶贫政策措施。组织深度贫困地区基层公共就业服务人员到对口帮扶省份实地观摩、短期培训，帮助提升服务能力。

续表

项目	重要内容概述
（二）加大技能扶贫力度	指导深度贫困地区研究制定贫困劳动力职业培训补贴政策，可将居家就业人员纳入补贴对象，将适合就业的和劳务输出的职业（工种）纳入政府补贴目录。支持“三区三州”技工院校至少建设一个特色优势主体专业、拥有一个资料室、每名教师和管理人员至少参加一次培训。加大对口帮扶深度贫困地区培训机构和技工院校力度，提高技工教育和职业培训水平。承担帮扶任务的技工院校对深度贫困地区技工院校特色优势主体专业进行定点帮扶。
（三）加大失业保险政策倾斜力度	将深度贫困地区参保企业稳岗补贴标准提高到该企业及其职工上年度实际缴纳失业保险费总额的60%，将深度贫困地区参保职工申领技能提升补贴条件由参保缴费累计满3年放宽至满1年。深度贫困地区失业保险金标准上调至最低工资标准的90%。吸纳贫困人口就业并签订劳动合同的事业单位，可以享受稳岗补贴政策和技能提升补贴政策。
（四）加大干部人才支持力度	新疆、西藏少数民族专业技术人才特殊培养学员名额适当向南疆四地州倾斜，学员选拔范围扩大到四省藏区。每年组织医疗卫生、农业畜牧、交通运输、环境资源、企业管理和教育等专业领域的专家，分别赴新疆南疆、西藏开展讲学、技术指导、学术交流等活动，培训指导当地从事相关工作的专业技术人员和管理人员。对“三区三州”全部博士后设站单位实现博士后日常经费资助全覆盖。“三支一扶”招募名额和中央财政补助资金进一步向深度贫困地区倾斜，进一步加大深度贫困地区扶贫岗位开发力度。在援藏援疆援青工作中，选派优秀后备干部和专业技术人才到“三区三州”等深度贫困地区挂职任职，按规定落实相关待遇。
（五）人才人事扶贫保障	整合各成员单位力量和资源，确定了面向“三区三州”等深度贫困地区扶贫攻坚工作主线。具体做法包括：一是精准制定倾斜激励政策。组内成员单位结合调研摸底情况，以提升待遇和拓展发展空间为重点，聚焦“三区三州”等深度贫困地区，加大职称、工资等政策倾斜激励力度，改进优化事业单位公开招聘、引才等政策，制定稳定贫困地区人才队伍、引导支持各类人才向贫困地区流动措施。二是引导各类专家人才助力脱贫攻坚。广泛动员组织各类专家深入脱贫攻坚主战场，围绕贫困地区实际需求，开展技术指导、转化成果、对口帮扶、人才培训、改善民生等多种形式的服务活动。同时，加大政策保障力度，建立长效机制，切实解决专家服务脱贫攻坚后顾之忧，充分发挥好他们的智力优势、技术优势、信息优势，助力贫困地区群众脱贫致富。三是加强贫困地区本土人才培养。实施各具特色的能力培训和素质提升工程，支持引导各类人才扎根基层一线建功立业，为贫困地区稳定脱贫、长远发展提供不竭人才动力。

附录 3：重庆市现行就业扶贫政策汇总表

序号	类别	政策名称	具体内容	是否重庆创新	备注
1	促进就地就近就业类	放宽贫困劳动力年龄上限	“贫困劳动力”指 16 周岁以上，有劳动能力的贫困人员。	否	人社部发〔2018〕46 号
2		就业扶贫车间政策	对新建或改扩建的就业扶贫车间，可享受一次性扶贫资金建设补助；就业扶贫示范车间吸纳农村困难人员就业，给予带动就业示范奖补，最长不超过 3 年。	是	
3		公益性岗位社保补贴	用人单位在全日制公益性岗位招用我市户籍贫困人员，并缴纳社会保险费，按用人单位实际为招用人员缴纳的五项社会保险费给予社会保险补贴，个人应缴纳的社会保险费仍由本人负担。	否	人社部发〔2018〕46 号
4		公益性岗位补贴	用人单位在公益性岗位招用我市户籍贫困人员，并缴纳社会保险费（非全日制岗位，以及安置超龄贫困人员岗位除外），按照当地最低工资标准（非全日制公益性岗位按照当地最低小时工资标准）给予公益性岗位补贴。	否	人社部发〔2018〕46 号
5	促进转移就业类	跨区域就业交通补贴	对跨区（县）、省（市）务工的贫困人员，每年给予一次往返城市间交通补贴。	是	
6		一次性求职创业补贴	贫困人员在户籍所在县以外区域稳定就业 3 个月及以上的，给予贫困人员一次性求职创业补贴。	否	人社部发〔2018〕46 号
7		企业吸纳一次性岗位补贴	招用我市户籍贫困人员，并按规定连续缴纳 1 年以上且仍在缴纳社会保险费（超龄贫困人员除外）的各类企业，给予一次性岗位补贴。	是	
8		就业创业服务补助	对人力资源服务机构等市场主体免费帮助贫困人员稳定就业 3 个月及以上的，给予就业创业服务补助。	否	人社部发〔2018〕46 号
9		企业吸纳社保补贴	招用市内市外户籍贫困人员，并缴纳社会保险费的各类企业，按企业实际为招用人员缴纳的五项社会保险费给予社会保险补贴，个人应缴纳的社会保险费仍由本人负担。	否	人社部发〔2018〕46 号

续表

序号	类别	政策名称	具体内容	是否重庆创新	备注
10	促进自主创业类	创业担保贷款	对贫困人员自主创业的，可申请个人最高不超过15万元、合伙最高不超过75万元的创业担保贷款，并由财政部门按规定给予2—3年全额贴息。	否	人社部发〔2018〕46号
11		一次性创业补助	对小微企业或从事个体经营，且所创办企业或个体工商户自工商登记注册之日起正常运营6个月以上3年以下的贫困人员，给予一次性创业补助。	否	人社部发〔2018〕46号
12		免费创业工位	有创业意愿的贫困人员，不限年龄和学历，均可向创业所在区县就业和人才服务机构申请入驻免费创业工位，最多使用3个工位，最长使用一年。	是	
13		创业就业示范街吸纳就业奖补	对符合规定条件并被评选认定为创业就业示范街（山村）吸纳了贫困人员就业的，给予管理主体创业就业示范街（山村）绩效奖励，给予吸纳贫困人员的创业主体绩效奖励。	是	
14	促进东西劳务协作类	转移山东就业补贴	贫困人员在山东省稳定就业3个月及以上的，给予一次性求职创业补贴；并按每天100元/人标准给予以工代训补贴，补贴最长不超过30天。	是	
15	促进贫困家庭高校毕业生就业创业类	高校毕业生求职创业补贴	我市高校在毕业年度内有就业创业意愿并积极求职创业的建档立卡贫困家庭高校毕业生，可享受800元/人的一次性在校求职创业补贴。我市户籍登记失业的建档立卡贫困家庭离校1年内高校毕业生，可享受每人一次性500元的离校未就业求职创业补贴。	否	
16	促进技能提升类	技能培训补贴	开展技能培训的，按照公布的培训职业（工种）成本，按规定给予培训补贴。开展特色职业（工种）培训的，按照公布的特色职业（工种）培训标准给予补贴。	否	
17		创业培训补贴	对有创业意愿的贫困人员（培训前1年内或培训后1年内取得营业执照），可按规定参加SYB创业培训；对愿意从事网络创业的贫困人员，可按规定参加网络创业培训；对已经成功创业的贫困人员，可按规定参加IYB创业提升培训。	否	
18		以工代训职业培训补贴	就业扶贫示范车间、创业就业示范山村、创业就业示范街等主体吸纳贫困人员就业，以以工代训方式，开展培训的职业（工种）在《培训目录》或全市特色职业（工种）范围内的，按照培训成本或公布的培训天数补贴标准给予补贴	否	人社部发〔2018〕46号
19		参训交通食宿补贴	对参加人力社保部门组织的技能培训的贫困人员，符合培训补贴的，按培训天数给予每天100元/人的交通食宿补贴。	否	人社部发〔2018〕46号

附录 4：2020 年各地扶贫工作亮点

一、应对疫情就业扶贫工作亮点

2020 年上半年突如其来的新冠肺炎疫情给国内就业带来巨大冲击。对此，各地方各部门联动，在条件允许的情况下坚持疫情防控和稳就业工作“两手抓”“两手硬”，创新创立贫困劳动力返岗复工“点对点”服务保障机制，把满足复工复产企业用工需求与稳就业工作有机结合。例如，湖北省宜昌市落实稳岗返还、一次性吸纳就业补贴、阶段性免征企业社会保险费政策，支持企业发展，增强企业信心。湖北襄阳市在疫情持续向好的条件下，通过贫困劳动力“点对点”专车输送，全力打通外出返岗复工的“第一公里”和“最后一公里”，实现疫情防控与劳务输出工作的两不误。山东人社部门创新推行“互联网 + 技能”“互联网 + 岗位”“互联网 + 包车”“互联网 + 政策”四项服务模式，把技能培训、就业招聘、包车返岗、政策经办等服务内容从线下转到线上，让贫困劳动力防疫情不妨就业脱贫。云南昭通市做好省外务工人员稳岗位、防回流工作，建立自下而上用工调剂机制，减少省内务工人员摩擦性失业。配足配“易迁点”就业创业服务站（点）和服务窗口力量，做好就业服务工作。重庆市建立贫困劳动力返岗复工“点对点”服务保障机制，创新实施“分组编队、行前提醒、准备物资、出发签到、途中衔接、抵达对接”六步工作法，相关措施和成效得到国务院胡春华副总理肯定。广东省东莞市与各劳务输出地人社部门紧密合作，通过人岗信息精准对接，“点对点、一站式”精准服务，为企业复工复产提供用工保障，帮助各地贫困劳动力来莞就业增收脱贫。江西抚州市临川区根据低收入人群的实际情况和就业意愿，采取“内外兼顾”的方式，一方面大力引导低收入人群在家门口就业，一方面全力做好劳务输出。甘肃省甘南州人社局积极响应“疫情就是命令、防控就是责任”，转变服务方式，拓宽培训渠道，要求各县市将线下培训调整为线上培训，让有培训和求职意愿的群众在家就能学到所需技能。

二、建设实现人岗匹配就业扶贫监测平台

围绕建档立卡人员“进、管、出”三个环节，就业扶贫数据监测平台的建立有助于及时掌握的建档立卡人员来源地、就业状况、技能水平和就业需求等情况，提供“点对点”精准服务。例如，浙江率先开发西部扶贫劳务协作监测平台实现精准管理。围绕建档立卡人员“进、管、出”三个环节，在全国率先开发东西部扶贫劳务协作动态管理平台，定期比对国务院扶贫办建档立卡人员、全省流动人口、社保参保、个税缴纳等数据库，实时掌握省内每个县的建档立卡人员来源地、就业状况、技能水平和就业需求等情况，提供“点对点”精准服务，确保每个建档立卡人员都有就业机会。贵州省加快劳务就业扶贫大数据平台建设，通过大数据手段，适时实现人岗相适、人岗匹配，全力促进贫困劳动力实现就业增收脱贫。省直部门“八个一批”开发24.09万个岗位纳入平台管理，为19.27万名建档立卡和易地扶贫搬迁劳动力进行线上岗位匹配，促进贫困劳动力就业10.02万人。江西建立就业扶贫政策清单、公益性岗位台账、培训台账、贫困劳动力资源台账和扶贫车间台账，同步开发“江西省就业扶贫数据分析平台”，强化就业扶贫工作的数据分析和动态监测管理，分析梳理就业技能培训、公益性岗位和扶贫车间等方面的问题，及时反馈市、县指导推动工作。开发上线“江西就业扶贫码”，对全省贫困劳动力采取“一人一码”的形式进行就业服务的推送。青海省西宁市一是通过服务平台发布供求信息。各级公共就业服务机构及时收集和更新当地企业岗位信息，并通过“青海省农牧信息化综合服务平台”、就业信息短信平台等进行发布。2016年以来，通过各类平台发布就业信息2万余条，帮助3000余名贫困劳动力实现就业。

三、劳务协作提升就业脱贫质效

有组织化劳务输出在深度贫困地区仍是最有效最直接的脱贫手段，各地区不断加强与劳务协作城市的合作力度，创新工作形式，打造部门联动机制，组织贫困劳动力转移就业脱贫。例如，上海每年由人社局领导亲自挂帅，带队深入云南和遵义调研对口支援地区，了解贫困劳动力就业意愿，明确就地就近为主、异地转移为补充的正规和灵活就业相结合的方针，建立部门协

调机制，公安部、卫健部、经信部等多部门协作联动，推进劳动力返沪返岗。人社部牵线搭桥促订单式培训促就业稳定性。四川坚持把做好东西部扶贫劳务协作作为促进贫困劳动力转移输出的重要渠道，推动《粤川劳务协作框架协议》《浙川省际劳务协作协议》落地落实；做实“就业去向清单”，用好“岗位供给清单”，做好人岗对接；在全国率先建立省际供需对接、健康互认、运输直达服务机制，采取“点对点、一站式”方式，输送 3.7 万名贫困劳动力到广东、浙江返岗务工。北京疫情期间援助河北、内蒙财政资金 26 亿，其中 7292 万用于劳务协作，帮助贫困劳动力就地就近就业、转移就业，在就业创业、技能培训、创业致富带头人培训等方面提供强有力的资金补贴及政策支撑。西藏自治区山南市以劳务品牌建设为抓手，发挥拉林铁路、加查水电站、卓于水库重大工程项目建设吸纳、拉动就业积极作用，促进农牧区富余劳动力就近就地转移就业，通过市场化引导，不断推动低收入人群劳动力组织化、规模化转移就业。

四、扶贫车间促进就地就近就业

就业扶贫车间对于促进农村妇女、孤寡老人等为代表的贫困劳动力就地就近就业而言，依然是最便捷有效的方式之一，各地不断探索促进就业扶贫车间长效运营的健康发展模式。例如，安徽全面推进就业扶贫车间规范化管理工作。建立完善动态调整、监督管理长效机制，调整优化带贫比例标准，组织开展清理整顿，分类处置取消认定的车间；常态化开展“四不两直”暗访督导；加强对受中美经贸摩擦、新冠肺炎疫情、洪涝灾害影响就业扶贫车间的帮扶措施，优先推进复工复产，叠加吸纳贫困劳动者就业补贴、疫情期间一次性复工复产补助。甘肃全面落实省政府办公厅《关于扶持发展扶贫车间促进建档立卡贫困劳动力转移就业的意见》和全省“扶贫车间”建设暨就业扶贫现场推进会精神，从推进扶贫车间持续健康发展、规范开展认定、落实扶持政策、加强日常监管四个方面着力培育引导扶贫车间规范发展，引导扶贫车间健康可持续发展。广西玉林市创新推广了工厂式、居家式、种养式、贸易流通式、乡村旅游式就业扶贫车间等五种就业扶贫车间模式，博白县印发了《博白县做大做强就业扶贫车间工作方案》，从政策扶持、资金奖补、用地保障等方面出台倾斜政策，努力把有条件的就业扶贫车间培育成为规上企业，引导有条件的规上企业建设就业扶贫车间。内蒙古巴林左旗制定三年规划，谋划建设就业扶贫车间，使具有左旗特色的笤帚苗产业与脱贫攻坚工作深度融合，让众多的贫困劳动力参与加工链条，促进左旗特色产业的健康快速发展，形成双赢的扶贫模式。同时，在就业扶贫车间的认定上，不搞“一刀切”，更看重企业的发展潜力。对符合条件的企业，给予企业创业补贴、岗位补贴、职业培训补贴、社会保险补贴、贷款扶持和免费创业培训六项补贴政策，吸引了企业投入到就业扶贫事业中。

五、公益性岗位兜底安置覆盖

对于年龄偏大、技能单一、文化水平较低的农村贫困劳动力，各地广开思路，通过开发乡村公益性岗位对其兜底安置，体现民生关怀与就业脱贫引导相结合。例如，甘肃构建就业扶贫兜底保障体系。参照城镇就业困难群体公益性岗位兜底就业的做法，积极开发乡村公益性岗位，聚焦深度贫困地区，帮助建档立卡零输转家庭有就业愿望的劳动力就地就近就业，开辟了一条就业兜底保障脱贫的新渠道。河南省南阳市针对易地搬迁点有劳动能力和就业意愿，但要照顾小孩、老人或其它原因无法外出务工的部分贫困劳动力，有针对性地开发保安、保洁、保绿、就业协办、文化协管等公益性岗位进行就业安置，让贫困劳动力不出社区实现就业。同时出台《淅川县贫困人口就业务工“以奖代补”实施办法》，而降低贫困劳动力务工就业产生的培训费、交通费、住宿费等费用，激励贫困人口务工就业。新疆阿图什市积极安置就业困难人员实现就业。公益性岗位、就业见习主要安置就业困难人员及高校毕业生就业的过度性岗位，优先用于安置贫困劳动力，各类就业困难的高校毕业生，公益性岗主要安置在护理员、保洁员、乡村道路维、山林防护员、治安协管员、孤寡老人和留守儿童看护等。河北石家庄市针对无法离乡、无业可扶、无力脱贫的“三无”贫困劳动力，行唐县就业服务局通过设立护林员、治安联防员、护路员、河道治理联防员、矿山治理联防员、环境保护监督员等公益性岗位，为年龄大、文化低、技能弱的建档立卡贫困户提供“政策福利”，让他们变身为“工薪族”。

六、其他制度创新举措

考虑到就业扶贫可持续化与乡村振兴战略的稳步对接，各地在就业扶贫领域不断探索全新的思路，各地不断创新工作模式，包括健全就业扶贫管理机制，完善就业扶贫后续保障思路，创新就业培训模式，引入互联网电商平台，与城镇地区联动，等等。例如：海南省万宁市创新培训模式，将军训与脱贫攻坚工作相结合，探索出“五个一”激发“五个感”军训模式，锤炼脱贫攻坚“钉子户”的脱贫意志，从思想上帮助他们认识自我脱贫，激发内生动力。宁夏力推“铁杆庄稼保”为外出就业提供意外伤害保障。2019年，在全国首创由政府补贴、务工人员购买、商业保险公司承办的“铁杆庄稼保”政策（政府补助35元、个人承担15元），农村转移就业人员外出务工因意外伤害导致身故、伤残的，由保险公司按照规定额度进行赔付，一次性给予最高26万元赔付，解决了农村外出务工人员后顾之忧。陕西省延安市“一岗双助、一岗双赢”双赢机制。宝塔区人社局从城市“零就业”家庭和农村贫困劳动力中选聘服务人员，对社区村组孤寡老人、无人照顾残疾人等困难群体进行居家养老服务，实现公共服务和民生保障效益的最大化，推进就业扶贫新发展，实现“一岗双助、一岗双赢”。江苏省宿迁市提出“电商就业扶贫”思路。打造“333”电商就业扶贫宿迁模式，推动互联网创新发展与就业扶贫工作深度融合。出台系列文件促进电商产业发展，打造三大就业扶贫e站，帮助、吸纳低收入劳动力就业创业。黑龙江省佳木斯市提出“989”转移就业脱贫工程战略。桦南县出台《劳动力转移脱贫工作实施方案》，创造性地提出了全力“打造九大精准就业扶贫转移合作示范基地、八大品牌培训项目和九大贫困人员就业转移输出服务站”的“989”转移就业脱贫工程战略，累计实现转移就业8万人，贫困劳动力就业脱贫4950余人，人均增收2.9万元。

参考文献

［1］宝鸡市政协. 产业扶贫中六类风险应引起重视［N］. 各界导报，2019-06-04（003）.

［2］曹梦涵. 四川西充：用好“能人带动”打好扶贫攻坚战［OL］. 人民网，2016-07-28. http：//unn.people.com.cn/n1/2016/0728/c14717-28592645.html.

［3］龚莹. 我国对外劳务输出现状及发展对策研究［D］. 吉林大学.

［4］黄金春. 永仁县 2018 年就业创业工作成效显著［OL］. 楚雄州人力资源和社会保障局，2019-01-15. http：//rsj.cxz.gov.cn/info/1079/5201.htm.

［5］佚名. 阆中：精准扶贫出实招，劳务输出见实效［J］. 四川劳动保障，2018.

［6］李博，左停. 集中连片贫困地区“购买服务式”综合性扶贫治理模式研究——以陕南秦巴山区“公益岗位”为例［J］. 农业经济问题，2017，038（002）：85-91.

［7］刘怀君，李丹. 阿坝州理县生态护林员公益岗位管理现状及建议［J］. 绿色科技，2019，000（003）：138-140.

［8］吕小飞. 河南省对外劳务输出现状及对策［J］. 中外企业家，2014，000（031）：3-5.

［9］脱贫攻坚进行时牟定：做活劳务输出文章［J］. 云南农业，2019，362（03）：87-87.

［10］石长毅. 湖南金融“贷”扶贫困户［OL］. 湖南日报，2015-08-06. http：//www.cpad.gov.cn/art/2015/8/6/art_5_12758.html.

［11］石长毅. 青海省五年来减少贫困人口 90.7 万人——内陆深度贫困地区的脱贫探索［OL］. 经济日报，2018-11-26. http：//www.cpad.gov.cn/art/2018/11/26/art_5_91358.html.

［12］汤功勋. 因地选产业 探索共同致富——余江县平定乡洪桥村产业扶贫经典案［OL］. 余江县扶贫和移民办，2018-03-21. http：//www.ce.cn/xwzx/gnsz/gdxw/201803/21/t20180321_28560039.shtml.

［13］王宝杰. 创业富民绘蓝图精细服务暖人心——广西百色市推进创业扶贫工作取得积极成效［OL］. 中国国家人才网，2018-11-19. http：//www.newjobs.com.cn/Details？newsId=D4F4EDA619BA1EE4.

［14］王磊. 互联网背景下扩大国际经济合作的渠道——以安徽省劳务输出为例［J］. 淮南师范学院学报，2017（1）.

［15］王立娜. 农民创业扶贫模式的生成逻辑与实践情势［J］. 上海商学院学报，2017，018（001）：48-54.

［16］王亚海，穆军学. 临洮县“能人引领”扶贫模式综述［OL］. 定西日报，2019-02-14.

http：//www.dingxidaily.com/2019/0214/71361.shtml.
[17] 吴国宝. 用好公益岗位扶贫这一政策工具［J］. 人民论坛，2018（29）：52-53.
[18] 杨雪. 灵璧县就业扶贫成效显著［OL］. 拂晓新闻网，2018-04-20. http：//www.zgfxnews.com/xw/content/2018-04/20/content_204682.htm.
[19] 张琦. 中国共享发展研究报告（2017）［M］. 经济科学出版社，2018（7）.
[20] 张琦. 稳步推进脱贫攻坚与乡村振兴有效衔接［J］. 人民论坛，2019，No.641（S1）：86-88.
[21] 张琦，张涛. 精准扶贫政策的公平效应——基于生存伦理与互惠伦理视角［J］. 中南民族大学学报（人文社会科学版），2019，39（03）：152-157.
[22] 张琦，张涛，贺胜年. 供给侧改革视角下民族地区产业精准扶贫的路径探索［J］. 西南民族大学学报（人文社科版），2019，v.40；No.329（01）：97-104.
[23] 张正尧，吕永辉，杨照. 全国农业产业扶贫成效评价及对策分析［J］. 湖北农业科学，2018，v.57；No.614（17）：128-131.
[24] 左停. 积极拓展公益岗位扶贫政策的思考［J］. 中国国情国力，2017（11）.